提问诸子丛书

黄坤明 主编

郭志坤　陈雪良 著

提问荀子

综合百家 最为老师

上海人民出版社

图书在版编目(CIP)数据

提问荀子/郭志坤,陈雪良著.—上海:上海人
民出版社,2017
(提问诸子丛书/黄坤明主编)
ISBN 978-7-208-14247-3

Ⅰ.①提… Ⅱ.①郭… ②陈… Ⅲ.①荀况(前313-
前238)—人物研究 Ⅳ.①B222.65

中国版本图书馆CIP数据核字(2016)第303129号

出版统筹　孙　瑜
责任编辑　郭立群
装帧设计　范昊如

· 提问诸子丛书 ·
黄坤明　主编

提 问 荀 子

郭志坤　陈雪良　著
世 纪 出 版 集 团
上海 人民出版社 出版

(200001　上海福建中路193号　www.ewen.co)
世纪出版集团发行中心发行　上海中华印刷有限公司印刷
开本 720×1000　1/16　印张 10.5　插页 4
2017年1月第1版　2017年4月第2次印刷
ISBN 978-7-208-14247-3/B·1228
定价 58.00元

总　序

黄坤明

　　读诸子百家书，发觉古贤的思维模式有一个显著特点：善于提问。"孔子入太庙，每事问。"（《论语·八佾(yì)》）这个典故是人们熟知的。说孔子来到祭祀周公的太庙，提问频率之高，问题触及面之广，使亲历其境的人们感到惊异：都说孔子知礼，怎么还提问不断呢？面对发问，孔子的回答既简洁又精彩："是礼也！"其意是讲，我是个善于提问的人，善于提问才使我真正知礼啊！这是发生在孔子早年的事。"三十而立"后的数十年间，无论是教学弟子，还是答问友朋，或者与列国君臣周旋，孔子都喜欢用提问的方式来探求真知。在诸子中，孔子的影响是最大的，用司马迁的话说，是"学者宗之"的。正因为如此，孔子倡导的提问式思维模式影响了一代又一代文人墨客，成为中华文化的好传统。

　　提问对人来说真是个奇妙的东西，它会使人兴奋，使人坐卧不安，使人有索解的欲望，使人有不倦的探求精神。一个问题解决了，又会有新的问题产生。任何一个人都永远生存于提问和被提问之中。我们完全可以这样说，提问是驱动思想发展的真正的"永动机"。

　　我们常说，理论始于问题，科学始于问题，我们又何尝不可以说，学习始于问题呢？

　　我们常说，提出问题往往比解决问题还要难，其价值也往往更大。善于提问，敢于提问，正是孔子等先哲留给我们的一份极为珍贵的遗产。

　　我们着手策划这套有关前贤先哲的丛书的时候，孔子等先哲倡导的

"提问"思维模式一下激活了我们这些后学的思维。先哲们的思想是不朽的。为何不把先哲请到"前台"进行访谈呢？他们的身世如何？他们是怎么生活和学习的？为了传播学说，他们又是怎样远行千里的？说是学习，他们有没有实际意义上的课堂？他们手里捧着的又是何种意义上的"书本"？他们四处游说的学术主旨是什么？……甚至他们穿的服饰、吃的食品、驾的车辆都会在我们的心头形成一个个有情有趣、有滋有味的问题。

有鉴于此，我们将这套丛书取名为"提问诸子丛书"。这里有跨越时空的对话、通俗流畅的语言、富含哲理的剖析、见解独特的解说、图文并茂的装帧、考之有据的典章、实地拍摄的文物图片。我们所做的一切，都是冀望读者能喜欢这套独具特色的图书。

2010年春于杭州

目　录

前 言

　　孟子和荀子是孔子身后约一个半世纪到两个世纪间涌现出的两位儒学大师。他们都以孔圣人的私淑弟子自许，都以孔学的当然继承者自任，都以儒学的卫道者自诩。可是，两人的历史命运却很不相同。孟子是被赞许为"醇乎醇者"的正宗大儒，最后被抬上了"亚圣"的高位。而荀子的命运却不一样。初时虽也兴盛一时，有人还说他是"大醇而小疵"，褒中略带贬义，可愈到后来，随着孟子亚圣地位的确立，人们愈是以孟子这根标尺来衡量荀学，这样，荀子曾把孟子作为重要的批判对象这一宿怨，便自然而然地成了荀子的一大罪状，其思想和学术地位也日见下滑，以致被一些学者或政界人士视为"异端"。直到明末清初，荀学才重现江湖，成为众人注目的显学。

　　其实，客观地说，孟、荀两人都有其独特的学术贡献和自己应有的历史地位。综合地看，荀学更深刻、更积极，也更有历史价值。在"天人合一"说一统学界的局面下，荀子勇敢地提出了"天人相分"的新论，这种新论的历史性贡献在于敢于触犯"天"的尊严，进而"制天命而用之"，这在人的自我解放史上怎么评价也不为过。荀子首创的"性恶论"，马克思主义经典作家早有定评，认为它比之"性善论"有更大的客观积极意义。他的"足国之道，节用裕民，而善臧其余""不富不厚不足以管下"的治国思想，在历史上具有永恒的魅力。另外，他的"四海之内无客礼"的大一统观，他的"上下俱富"的理想，他的"涂之人皆可以为舜、禹"的修身观，他的无处不可学、无事不可学、无人不可学的学习观，他的解诸子之蔽、采诸子之长的继承观，还有他那传诵千古的"国将兴，必贵师而重傅。国将衰，必贱师而轻傅"的名言，都是值得后人从中吸取精神养料的啊！

第一章

最为老师

　　在古典文献中，对学校的教学者，或称"师"，或称"师傅"，或称"人师"，而无"老师"之谓。荀子创造了"老师"这个新词。《荀子·致士》有言："耆艾而信，可以为师。""耆"与"艾"都是"老"的意思，初指年岁之"老"，后推广到思想、情操上的老成、老练、老到，这样，"老师"这个新词就形成了。大约荀子提出"耆艾为师"说后不久，"老师"这个概念得到了社会广泛的认同，因此，司马迁在《史记·孟子荀卿列传》一文中把"最为老师"这一庄重的称呼回馈给了荀子，其意是说，在当时稷下学宫中，荀子是最当得起"老师"这个称号的。

　　在司马迁为荀子作的只有192个字的小传中，"最为老师"四字是起了轴心作用的关键词。他的一生是无愧于"老师"这个光荣称号的。到稷下学宫当老师前的悠长岁月中，可以看成是他当老师的准备阶段，学习经书和走出赵国国门外出游学是这阶段的重头戏。荀子青壮年时期的"三为祭酒"，可以看成是"最为老师"的生动体现，在这段时间里，他接触了百家之说，丰富了自己，为形成荀学打下了深厚的基础。穿插其间的秦国之行、赵国之行、楚国之行，可以看成是老师职责的社会泛化，而晚年编定的32篇的《荀子》一书，可以看成是这位"最为老师"的自订教科书。

有关您生平的文献资料，留存的并不怎么丰富，但还是有一些足资参考的文字的。除《史记·孟子荀卿列传》有较为完整的论述外，在《战国策·楚策》中有一些零碎的记载，在《韩非子·难三》中有"燕王哙贤子之而非孙卿，故身死为僇"一语，另外刘向编著有《孙卿书录》，韩婴著有《韩诗外传》，都有一些很有价值的东西，在桓宽著《盐铁论》的《论儒》和《毁学》两个篇章中，对您早年和晚年的生平行踪也有所记述。应劭所著的《风俗通义》中也说到您中年时期的一些活动状况。在您看来，这些文献中，哪些资料是最应受到后世学者重视的？

荀子：最应重视的当然是《史记·孟子荀卿列传》了。虽说关于我的传记文字在这里只有短短的一百九十二字，但那可是字字珠玑的一百九十二字啊！从少年时期的"游学于齐"，到青壮年时期的"三为祭酒"，到被人所谗后的"适楚"，到"春申君以为兰陵令"，到晚年的"序列著数万言而卒"，直到最后"葬兰陵"。幼而成，成而壮，壮而老，老而死，大致上较为完整地勾勒出了我的人生轨迹。如果没有这样一个小传，我的人生就完全成为一团迷雾了。

还有一点也很值得引起重视。我生于公元前313年，司马迁生于公元前135年，其间的时间差只有一百八十年。司马迁写我的小传的时候，除了依据相关的文字资料外，也会有许多口耳相传的东西。由于相去年月较近，可靠性也必然要大些。再加上司马迁是一个严肃的史学家，讲求"言从事出"，讲求"事核文直"，讲求"誉实毁真"，因此，他所书写的这个小传应该是靠得住的。

司马迁像

司马迁，西汉伟大的史学家、思想家、文学家，著有《史记》。《史记》又称《太史公记》，记载了上自上古传说中的黄帝时代，下至汉武帝太初四年，共3000多年的历史。书中记述荀子事甚详，现有荀子史料，大多取材于《史记》。

《史记》书影

司马迁在《史记·儒林列传》中说，自孔子死后，"威、宣之际，孟子、荀卿之列，咸遵夫子之业而润色之，以学显于当世。"还将荀子与孟子合为一传，成《孟子荀卿列传》。

对您的出身姓氏，史籍的记载似乎有点杂乱。《史记·孟子荀卿列传》《史记·老子韩非列传》《史记·李斯列传》以及《史记·春申君列传》称您为"荀卿"或"荀卿子"，提法略有差异，意思还是一样的。而就是您自己的作品《荀子》中的《儒效》《议兵》《强兵》《尧问》等篇章中，只称"孙卿"。《韩非子》《战国策》《韩诗外传》《刘向叙录》《汉书》《盐铁论》《风俗通义》等书籍中时而称"孙卿"，时而称"孙子"。这里有姓荀还是姓孙之别，先生，造成这种混乱的缘由何在？

荀子：文献资料上的不同说法，引起了学界的争议。

司马贞《史记索引》、颜师古《汉书注》均以为荀子本姓荀，后改姓孙。为何有此改动呢？《史记索引》的作者以为，《史记》一书初流通于汉昭、宣年间，昭帝名刘弗陵，没有什么妨碍，而宣帝名刘询，为讳汉宣帝名，故改"荀"为"孙"。这种解说一度颇有市场。

可是，随着学术研究的深入，人们又产生了疑问：难道当时真有此类避讳制度吗？清代王先谦在《荀子集解》中引述谢墉语说："汉时尚不讳嫌名。"这是符合实际的。那么为何原来的荀子，后来变成了孙子呢？谢墉得出的结论是："盖荀音同孙，语遂移易。"这样回答似乎大致上还过得去，在历史上由于语音相通而易姓的，也不乏其例。

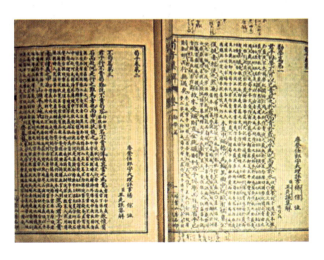

《荀子集解》书影

清代王先谦是一位严谨的史学家，他在《荀子集解》中作的关于荀子姓"荀"还是姓"孙"的考据，详尽而言之有据。

如此作解，当然不无道理，但是总感到尚不够圆满。就说"荀""孙"相通吧，你总得回答这样的问题："荀"不是个小姓，"孙"更应说是个大姓，天底下那么多姓"荀"和"孙"的，是全都相通的呢，还是部分相通的呢？请先生作出明示。

荀子：这的确是个问题。要回答清楚这个问题，看来很有必要对孙氏的来龙去脉作一番考稽了。查史料，孙氏有三个来源，他们是互不相关的三族：一族在楚，一族在齐，一族在卫。而荀、孙相通的"孙"氏，是在卫。《元和姓纂》在"孙氏"条下，有这样的记述："周文王第八子卫康叔之后，至武公生惠孙，惠孙生耳，耳生武仲……楚令尹孙叔敖及荀况并为孙氏。"王先谦还引述胡元仪的说法："盖（孙卿）为周郇伯之遗苗。郇伯为公孙之后或以孙为氏，故又称孙卿焉。"两者说法基本相合，证明荀子乃周文王血脉。

《元和姓纂》书影

《元和姓纂》，唐代谱牒姓氏之学的专著。书中有言："楚令尹孙叔敖及荀况并为孙氏。"进一步证明"荀""孙"相通。

荀子墓（兰陵）

按您说荀、孙相通的一脉在卫国，那您应该是卫人，而太史公在您的本传中明明白白地写着"荀卿，赵人"字样，是太史公有所粗疏，还是别有缘由，请先生给予明确的回答。

荀子铜像（邯郸）

荀子：这与战国时期国与国之间征战和兼并的形势有关了。卫国在西周时，有一定实力，也算是重要的诸侯国之一。但到春秋时，屡被北方的翟国所侵犯，屡战屡败，终于沦为当时的三等小国。这时，地处三晋的西邻赵国不断强大起来，并逐步对卫国实施蚕食。公元前372年，也就是大约我出生前半个世纪的时候，赵大举伐卫，夺取卫国七十三邑。七年以后，赵国又夺得卫国的甄地。这样，卫国的大部分土地都并入了赵国，原先的卫国人，也大多成了赵国人。在我的父亲一辈人的时候，我家已算是赵国人了。因此，太史公说我是赵国人，最后终于兰陵，这些都是不错的。

荀子墓园（兰陵）

在《史记》的诸多篇章中，零零星星地提到荀卿的有十三次之多，但都只称"荀卿"，不著其名。可是，现在都说"荀子，名况"，此说的出典何在？

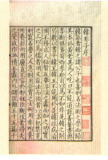

荀子：的确，在《史记》中没有提到"荀子"的名字，只是以"荀卿"统称之，并说我在稷下学宫"最为老师"，"三为祭酒"。在战国时期的一些

《史记》书影

《史记》只称"荀卿"，不著其名。

著作中，也没有提及我的名字。直到西汉的刘向，在他的作品中始言"孙卿名况"，后人就沿用了下来。刘向其人，主要活动期是在汉宣帝时代，担任过谏议大夫等职，曾经校书天禄阁，以博学多才著称于世，著述甚丰。他在皇家图书馆中长年累月的钻研，说"孙卿名况"必有所据，只是他没有点明出处罢了。他还说，称孙子为孙卿，不是因为他真的当过哪国的卿士，而"实为美称"，正如"称荆轲为荆卿、庆卿一般"，这也是很有道理的，后世大多学者认可此说。

稷下学宫遗址

接下来想知道您的大致所处年代。由于年代久远，先秦大多数知名人士的具体生卒年代都是一笔糊涂账，您也不例外。唯一最靠得住的似乎就是《史记·孟子荀卿列传》中提到的"齐襄王时，而荀卿最为老师"一语，如果我们以齐襄王作为您荀子的生命的坐标的话，大致是可以判定您的生存时期的，是不是这样？

《盐铁论》书影

《盐铁论》是西汉桓宽根据汉昭帝时所召开的盐铁会议记录"推衍"整理而成的一部著作。书中记述了当时对汉武帝时期的政治、经济、军事、外交、文化的一场大辩论。该书共分六十篇，标有题目，内容是前后相连的。书中语言精练，其中有荀子到齐国的记载。

临淄齐国故城

荀子： 把齐襄王作为我生存年代的坐标，应当说是可以的。不过，似乎还可以综合一些其他资料，以作综合的考察，那样就会更接近历史的实际。现在我们看到，《盐铁论·论儒》中有一条资料中说，荀卿在齐湣王时已来到了齐国。把这两条资料结合起来看，可见，作为"最为老师"的我荀况的到达齐国，其时间必在齐湣王与齐襄王交接的那几个年头。

查战国时期的齐国历史，齐湣王在位时间是公元前301—公元前284年；齐襄王在位时间在公元前283—公元前265年之间。这就可以肯定了，我到齐国既要接触湣王又接触襄王的两人相叠的那些个年头，当是公元前285—公元前283年之间，也就是说在公元前285年前后我到达齐国的稷下学宫当老师了。那几乎是可以肯定的。

如果公元前285年那一年我已是"最为老师"和已"为祭酒"了，那至少得有两个必备的条件：一要有较深的资历，二要有相当的年龄，至少像孔夫子说的那样"三十而立"吧！这样，我们大致上可以断定：再往前推三十年，就是我的出生年代，就是说，我是出生在公元前315年前后吧！这个年代大致上是靠得住的。

可是不对啊，既然三十岁时已是"最为老师"了，怎么又会有"年五十始来游学于齐"一说呢？那样不就倒了过来吗？这样颠来倒去，简直把人的思想搅糊涂了，请先生给我们一个简明的回答，行吗？

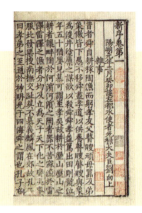

荀子：这只有一个可能，就是《史记》在行文上出了错。就是说，把"十五"误书成"五十"了。这个问题历代学者都注意到了。刘向在《孙卿书录》中最早提出了疑惑，并断定"年五十当是年十五之误"，后来宋代学者晁公武在《郡斋读书志》作了一番考证后也认为把"十五"误书成"五十"了，应是"年十五始来游于齐"。

论说荀子十五岁到齐国游学，最精到、最详尽的当数近代国学大家钱穆先生了。他提供的依据有三：其一，"曰游学是特来从学于稷下诸先生，而不名一师者，非五十以后学成为师之事也"。其二，"曰'有秀才'，此年少英俊之称，非五十以后学成为师之名也"。其三，"曰'始来游学'，此对以后之最为老师而言，谓荀卿之始来尚年幼为从学，而其后最为老师也"。钱穆先生的论说缜密而有深度，可视为定论。

晁公武《郡斋读书志》书影

晁公武，约宋高宗绍兴十四年前后在世。南宋时著名目录学家。官至礼部侍郎。著有《昭德文集》六十卷，《郡斋读书志》二十卷，文多散佚，存于今者唯《郡斋读书志》四卷、《后志》两卷、附《考异》一卷。晁氏作了考证后认为，荀子应在年十五来齐国游学。

刘向《新序》书影

《新序》是西汉经学家、目录学家、文学家刘向所编撰的现存最早的一部历史故事类编。他最早对荀子"年五十始来游学于齐"提出疑惑，认为是"十五之误"，并对荀子的著作进行整理，编定为三十二篇，称《荀子新书》。

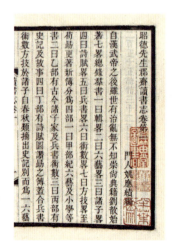

您从公元前300年游学齐国，到公元前285年初为稷下学宫祭酒，时间跨度有十五年之久。对一个学人来说，这是人生黄金般的岁月，可是，偏偏史书记述阙如，这实在是很可惜的事。先生，您看可用什么方法来填充这生命的空缺呢？

荀子像

荀子在《荀子》书中断定"四海之内若一家"（《王制》）的时代就要到来。

荀子：我们可以时代的大背景和我的整个生命的流程的宽广视角，来设定这十五年间我的行止和作为。这样的推断和设定，有时比死啃故纸堆更顶用。

可以说，这是华夏大地发生剧变的十五年。在这十五年间，秦、齐、赵三强鼎立的局面渐趋形成。就在我十五岁那年，秦军大破楚师，楚实际上退出了争雄的大舞台。在我十一岁那一年，孟尝君执齐政，"上则得专主，下则得专国"，国势也日益强盛起来。就在我二十七岁那年，秦昭王自称西帝于宜阳，并遣魏冉赴齐，立齐湣王为东帝。处身在政治旋涡（鼎足三强中的齐、赵两国都与荀子有直接关系）中的我荀况能不感受到时代的脉搏？应该说，这时虽说孤身在外，但却是我感受时代最强音的最好时机。《荀子》一书的时代感是最强的，这与我这段时期对时代风云的感悟大有关系。在杂乱的表象中，我感受到了天下正急速地走向统一。正像孟子断言"天下将定于一"一样，我荀况断定"四海之内若一家""四海之内无客礼"的大时代已经呼之欲出了。在我那个时代，"天下"和"四海"，都是指整个中华大地。

感受时代风云是我荀况从十五岁到三十岁这十五年的人生主题之一。

孟子像

孟子在《孟子》中断言"天下将定于一"的时代即将出现。

九问荀子

按照孔子的说法:"十五而志于学。"(《论语·为政》)当时儒学是显学,作为孔子忠诚信徒的荀子,不会不知道孔子的这一人生名言。因此,我们可以断定,您十五岁到三十岁的这十五年,必是抓紧时间学习的十五年。只不知您学习的门径如何? 主要读了哪些书?

荀子: 我说过:"我欲贱而贵,愚而智,贫而富, 《论语》书影
可乎? 曰:其唯学乎!"(《荀子·儒效》)这可以
看成是我青少年时代的内心独白。在当时,我是低贱,我是愚陋,我是贫穷,但我不甘心,我要改变这一切,靠什么呢? 靠别人吗? 不行,也靠不住。只有靠自己,靠自己孜孜不倦的学习。"唯其学乎",我相信学习能改变一切。

我投身于当时学术空气最浓郁的学府——稷下学宫。我几乎接触了当时盛行于世的所有学派,这可以在我的《荀子》一书中找到踪迹。"百家之说,不及后王,则不听也。"(《荀子·儒效》)诸子百家这个提法,大概就是我率先提出来的。对"百家之说",我有分析,有批判,有选择,不符合现实社会需要的,我就弃而"不听也"。现在回想起来,这个观念还是正确的。

你们想了解我读了哪些书吗? 我可以直白地告诉诸位,我是个博览主义者,可以说是无书不读。但也有重点,那就是经书。"学恶乎始? 恶乎终? 曰:其数则始乎诵经,终乎读礼。"(《荀子·劝学》)也许是受孔子"诗言志""不学诗,无以言"(《论语·季氏》)的影响吧,我以极大的热情投入到《诗经》的学习中去。在《荀子》三十二篇中,其中论《诗》有七处,引证《诗》句的有八十一处之多。这些引证的《诗》句,有的与《诗经》文本一字不差,有的在字句上略有出入,可见我不是对照着文本抄录的,而是靠记忆和背诵,我在学《诗》上是下了大功夫的。

当然,所谓读经,除读《诗》外,还读《书》,在《荀子》中有十五见。还读《乐》,在《荀子》中有三见。还读《易》,在《荀子》中有五见。还读《春秋》,在《荀子》中有两见。可见,我的读经是全面而系统的。

《荀子·儒效》书影

您不远千里来到稷下学宫求学，完全是因为这里是群英荟萃之地，有许多的名师足资学习。您能告诉我们，您曾在哪些名师那里学习过呢？

《十批判书》书影

郭沫若在《十批判书》有《荀子批判》一文专论荀子，认为诸子的文章"实在是各有千秋"，"孟文的犀利、庄子的恣肆、荀子的浑厚、韩文的峻峭"，对荀子作了高度的评价。

尹文像

尹文，战国时代著名的哲学家。与宋钘齐名，同游稷下，提出"情欲寡"说，反对诸侯间的兼并战争，属稷下道家学派。

淳于髡像

淳于髡，战国时期齐国著名的政治家和思想家。以博学多才、善于辩论而著称，是稷下学宫中最具有影响的学者之一。对齐国的振兴与强盛，对威、宣之际稷下之学的发展，作出了重要的贡献。

荀子: 这是我感兴趣的议题，也是古今众多学者感兴趣的议题。大学者郭沫若先生曾说："荀子十五岁游学齐国，大约宋钘、孟轲、慎到、环渊之流，他都曾听过他们的讲学。"（《十批判书·荀子批判》）这是不错的，既然是"游学"，那就不会是某人某氏的专职研究生，我当时是稷下学宫众多名师的共同学生。

这里最值得一提的我的老师有两位：一位是宋钘，另一位是郭沫若没有提到的淳于髡。在当时的稷下学宫，宋钘无疑是一位思想大家，他"采儒墨之善，撮名法之要"，看似含混而杂乱，实则是兼容并蓄。我荀况正是从他那里受到启发，而决计走综合百家之路的。正因为如此，我在《荀子》一书中会一再称之为"子宋子"或"宋子"。淳于髡与我荀况之间有着一种特殊的关系，司马迁说"（荀卿同）淳于髡久与处"（《史记·孟子荀卿列传》）。正因为"久与处"，对我的影响也就特别的大。我从淳于髡这位良师那里学到了怎样当一个"辩者"，怎样摆脱迷信的羁绊，怎样"学无所主"地博学。总之，我的发展与这两位大师级的先生的教育是分不开的。

大约三十岁以后的很长一段时间里，您时断时续地在稷下学宫中当着祭酒这样一个角色，能不能给大家解释一下，"祭酒"在这样的学府中的功能如何、地位怎样？

荀子：祭酒之名，有一个历史的发展过程。在古代，每当祭祀宴飨时，就会推举相对年长且又尊贵的人举酒以祭于地，这就有了祭酒的名号。这时，祭酒只是个尊称，人员也无所定。因为祭酒往往由文化水准较高者充任，遇重要的祭祀常到学府中去物色主祭人员，这样，"祭酒"与"老师"合一了。后来，当政者对祭祀事务的干预强化了，祭酒常常是由当政者委任，这样，祭酒就成了一种亦民亦官的特殊的职官了，也可以说是一种学官。在某一学宫中充当最高学官的，就是"最为老师"了，也就是相当于后世的学校教务长。中年以后我在稷下学宫扮演的就是这样一个荣誉性的角色。

颜之推石刻像

颜之推，古代文学家，生活在南北朝至隋朝期间。著有《颜氏家训》，在家庭教育发展史上有重要的影响，该书为北朝后期重要散文作品。《北齐书》本传所载《观我生赋》，亦为其赋作名篇。他在《颜氏家训·勉学》中指出，荀子应在年十五时来齐国游学，经十几年后才在稷下学宫当祭酒，成为"最为老师"。

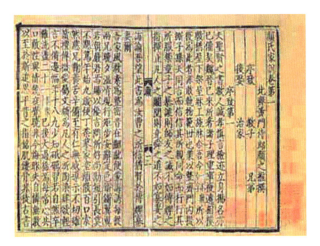

《颜氏家训》书影

祭酒在学宫中的地位那样崇高和显赫，您到了赫赫有名的稷下学宫后，怎么一下就当上了"最为老师"的祭酒呢？

俞樾像

俞樾，清末著名学者、文学家、经学家、古文字学家，是现代诗人和红学家俞平伯的曾祖父，著有《荀子评议》和《荀子诗说》等，他认为荀子在稷下学宫成为"最为老师"，"实为知识广博之故也"。

荀子：这要从两方面讲：一是自身的条件，二是客观的机遇。两者结合在一起，祭酒的位子就非我莫属了。

我说过："师术有四，而博习不与焉。尊严而惮，可以为师；耆艾而信，可以为师；诵说而不陵不犯，可以为师；知微而论，可以为师。"（《荀子·致士》）其意是说，当人师的，除了要具备广博的知识外，一是要有尊严，令人望而生畏；二是要年高、成熟、练达；三是诵读和解说不违背经学的原意，还要带领学生一起践行；四是要有钻研精神，要有自己的独特见解。这里虽然似乎只是在说为师标准，实际上是讲我本身的素质和气质。

我成为稷下学宫的"最为老师"，应当说也有一定的机遇存在。太史公说得好："田骈之属皆已死，齐襄王时，而荀卿最为老师。"（《史记·孟子荀卿列传》）这时，离稷下学宫的创办已经有数十年的时间，第一批"田骈之属"的老一辈祭酒离的离，老的老，死的死，正是处于这样一个青黄不接的当口，我荀卿应运而出，这不是机遇是什么呢？

《荀子·致士》书影

祭酒一旦成为一种制度，它就会有自己的职责。以您的亲身经历和经验，能不能说一说祭酒在社会生活中的作用？

荀子： 东汉人徐干对我有诸多评说，多少也能反映我在当时的作用。祭酒们以学宫为基地在社会生活中确实能起如下作用：其一，"不治而议论"。当时就有那样一种社会氛围。士人们说不上是参政者，更不是统治者，但可以随意地对政治发表己见，"以干世主"。这些人相当于政治咨询员，说不说由我，听不听由你，反正是言者无罪。其二，"处士横议"。不治而议是纵向的，是士人们对上级的建议和提案，而士与士之间的争论是横向的，因此称为"横议"，当时学宫里的争论是很多的。其三，"著书言治乱事"。这是更高一层次了。我说不服君上，说不服对方，不要紧，我就提升成理论，写成书本，让社会人士去评说。可能战国两百来年，所著述的书要比一般情况下千年还多，还有质量。其四，"收徒授业"。孔子当时是弟子三千，贤者七十又二，对战国时期的为师者的弟子没有统计，但从大势而言，授徒的规模只会更大，而门徒最集中之地是在稷下学宫。

《中论》封面

东汉哲学家、文学家徐干高度赞扬荀子的思想，他说："荀卿生乎战国之际，而有睿哲之才，祖述尧、舜，宪章文、武，宗师仲尼，明拨乱之道。然而列国之君以为迂阔不达时变，终莫之肯用也。"（《中论·审大臣》）

徐干像

徐干，汉魏间文学家，建安七子之一。字伟长。建安初，曹操召授司空军谋祭酒掾属，又转五官将文学。数年后，因病辞职，曹操特加旌命表彰。明代杨德周辑、清代陈朝辅增《徐伟长集》六卷，收入《汇刻建安七子集》中。《中论》二卷，《四部丛刊》有影印明嘉靖乙丑青州刊本。他以为："予以荀卿、孟轲怀亚圣之才，著一家之法，继明圣人之业。"（《中论》）

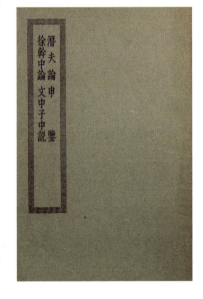

您是抓住了稷下学宫转折期这个机遇,成就了自己的事业,也成就了社会。史书上说您是"三为祭酒焉",那是真的吗?

李贽像

李贽,号卓吾,明代思想家、文学家,泰州学派的一代宗师。被诬下狱,自刎死。李贽著有《焚书》《续焚书》《藏书》等。他在《荀卿传赞》中有这样的评论:"荀与孟同时,其才俱美,其文更雄杰,其用之更通达而不迂。"还说:荀子不像孟子那样"执定说以骋己见"。(《藏书》卷三十二)就是说,荀子不拘泥守旧、不固执己见,而能够博采众说,兼容并包。

荀子:真的,完全是真的。三为祭酒的时间大致是:第一次为祭酒是在齐湣王在位期间,也就是"三十而立"的青壮年时期吧。在这时期,我提出了"君子不辩"(《荀子·修身》)、"君子辩而不争"(《荀子·不苟》)、"君子必辩"(《荀子·非相》)这样三个充满着辩证观念的命题。在我之前,一些学者要么说"君子不辩",要么说"君子必辩",而我提出要根据实际情况区别对待之。对一些由于种种原因根本辩不清的议题,我主张"君子不辩"。对一些有必要辩一辩,但看来统一不了的议题,我主张"君子辩而不争"。对一些原则性的、事关弘扬大道的问题,我主张"君子必辩"。第二次为祭酒距上次大约有两三年的时间,是在齐襄王即位以后。这次我曾参与了一些政治性的活动。在《荀子·强国》中有一段"荀卿子说齐相"的说辞,指出了齐国的种种利害得失。后来由于齐襄王不愿意听从我的意见,我就愤而离齐了。第三次为祭酒大约是在我五十余岁以后。由于年龄的关系,这时期我在情感上渐趋沉静,也更理性,正好一边讲学,一边开始"综百家之学"。当然,这项工作是长期的,真正见成效,那是我晚年的事。

《荀子·修身》书影

据《荀子》中的《儒效》《强国》两篇记述，您曾经入秦，与秦昭王及其相范雎有过亲密接触。请问：此行发生在何年月？动因何在？

荀子：你们提出的两个问题，实际上是一个问题。动因是与时间背景直接相关联的。由于我在书中没有道明，所以后世学者争得个不亦乐乎。早在西汉的刘向编定《孙卿新书》时，就考虑到了我的西行入秦的年代问题。结果他是把此事列于最后，似乎这是我晚年的最后一大举措。这显然是不确切的。而钱穆在《荀子考》中则认为从当时的实际情况和我的处境看，我的入秦当在秦昭王四十一年到五十二年间，即公元前266年到公元前255年间。道理是有的，惜乎时间跨度大了些。

应该说，我入秦的真正年份是在齐襄王十八年，即秦昭王四十一年，也就是公元前266年。这一年，统治齐国的齐襄王去世了，而即将接位的齐王建还没有站稳脚跟。这时，在齐国一直得宠于襄王并在稷下学宫中有崇高地位的我这个"最为老师"受到了一些人的非难。而正好此时，秦王派人来联络，邀我到秦国去走一走，考察一下。于是，我就告别了众多弟子，西行秦都去了。

钱穆像

钱穆，当代历史学家，国学大师。关于荀子游齐的年龄和游齐的时间，历来众说不一，他著有《先秦诸子系年》，在《先秦诸子系年·荀卿年十五之齐考》对于荀子入秦等活动作了详尽的考证，并认定荀子是"年十五"始来齐国游学的。

《南史》(右为元大德刻本，左为明洪武刻本) 书影

《南史》的作者为唐朝李延寿。修史是李延寿一生的主要事业。他对荀子、吕不韦"博采百家"的思想多加肯定，称其为"有识者"。

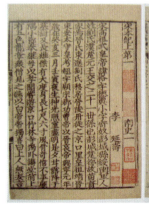

据我们所知，秦、赵两国一度是敌国，您是赵国人，而秦国的统治者对您这位来自敌国的思想家一点都没有戒心，也一点都没有敌意，相反，秦国为您的这次西行提供了最大的方便，使这次出访变成全方位、多视角的考察活动。请问，这次出访的观感如何？

王充像

王充，东汉思想家。他著有《论衡》，对先秦诸子都有所批判，甚至被人们尊为"素王""亚圣"的孔子和孟子，也没有被他放过，专门撰有《问孔》《刺孟》篇予以批评，可对荀子，除了说他性恶论"未为得实"之外，就找不到批评的话了。

荀子： 观感吗？我完全可以用"好得很"三字来概括。当访秦的一切活动结束以后，主动邀请我入秦的那位应侯范雎笑着问我"入秦何见"时，我兴高采烈地作了回答。这段文字后来留在了我的著作《强国》篇中了，这是我的《荀子》文集中少有的激情文章。在秦国所见所闻，使我的思想和情绪受到了极大的冲击。许多的问题，都要在这个西方大国、强国面前予以重新审视。这篇两百来字的文稿，可以用一个"赞"字来概括。这里有"五赞"：一赞"形胜"。秦地的地理形势十分优越，边塞险要、山川秀丽、物资丰富。二赞"民朴"。这里的百姓纯朴，音乐悦耳而不卑污，服装整洁而不妖艳，民众知法而守规矩。三赞"官风"。这里的各级官吏办事都认真严肃，没有一个不谦恭节俭、敦厚笃敬、忠诚守信的。四赞"士大夫"。作为知识者的士大夫的风貌，是一个国家的灵魂和精气所在。秦国的士大夫"不为私、不比周、不朋党，偶然莫不明通而公也"。五赞"朝廷"。君主退朝时，处理决断的各种政治毫无遗留，安安稳稳如同没有什么再要处理似的，我称之为"古之朝也"。如此盛赞原先被视为相当落后的"虎狼之国"，怕是从来也没有过的吧！

《荀子·强国》书影

这样一次非凡的西秦之旅，对您思想上的进一步成熟影响大吗？如果影响大的话，表现在哪些方面呢？

荀子： 这次西秦之旅，大约只有短短的几个月，但对我思想上的震撼是十分巨大的，影响也是深远的。这种影响至少表现在这样三个方面：其一，秦国是一个法治的国家，而我原先接触的所有山东六国，都还是礼治，甚至是人治的国家。在我的思想体系中，隆礼起着主干的作用。虽然我也讲法，甚至讲尚法，但那与法治的"法"从概念到实施都是很不一样的。这次入秦，我盛赞了秦国的法治精神，这对我整个思想体系的冲击和改造是十分重大的。其二，我讲入秦的那篇文稿名为"强国"，这恐怕也是入秦后提出的一个重大命题。怎样才是强国之道？兵强马壮、国力强大，就是强国了吗？秦国的事实告诉人们，那样想是不对的，至少是不全对的。所谓的"强"，包括山川地理，包括民情风俗，更包括社会制度、官僚状况。秦国之

董仲舒像

董仲舒曾经"作书美孙卿"。如何"美孙卿"，语焉不详，但他的思想确实与荀子思想有一定的联系，如董仲舒的"大一统"思想，正是荀子"大一统"论的翻版。王充认为，董仲舒的"性三品说"就是在"览孙、孟之书"以后提出的。仅此一端，足见董氏深受荀学的深刻影响。

《商君书》封面

强，首先强在制度，强在官僚和士大夫身上的那种勃勃朝气。这对一个国家来说，是何等重要啊！其三，我不是向往着"四海之内无客礼"的大一统局面吗？可是，由谁来一统天下呢？似乎谁都说不清。我在秦国那里看到了希望。我说："秦四世有胜，非幸也，数也。是所见也。"(《荀子·强国》)《商君书》是商鞅的变法理论和具体措施。这四代论军功，论武备，论文治，论民风，都可用一个"胜"字评定之。为何能四世皆胜呢？是幸运吗？不是！绝对不是，而是一种必然性，"非幸也，数也"，过去是这样，相信以后也是这样。这可以说是我秦国之行的最大收获。

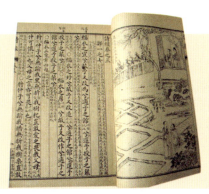

在秦国，您大约滞留了几个月到一年的时间，到第二年春暖花开的时候，就又回到了自己的第二故乡齐国。回到齐国后，您想的最多的是什么？

《诗经》书影

《荀子》引《诗》特多。在《荀子》一书中，引述《诗经》的有七十多处，去其重复，也有六十多条，远比孟子引述得多，而且其中有逸诗六条。清代的汪中认为："《鲁诗》，荀卿子之传也。"（《荀子通论》）他认为荀子有进一步编订过《诗》的可能。

荀子：毫无疑问，想的最多的是"一天下"。《荀子》中的许多篇章都不是一气呵成的，而是随着我的思想的深化，不断地进行修改、润色、加工。自秦回齐后，我在许多篇章里，都加进了"一天下"的内容。如"一天下，财万物。"（《荀子·非十二子》）"笞棰暴国，齐一天下。"（《荀子·儒效》）"全道德，致隆高，綦文理，一天下。"（《荀子·王制》）"臣使诸侯，一天下。"（《荀子·王霸》）《诗经》是我最重视的经典文献，我还以《诗经》中的一些诗句来表述自己的心迹。"普天之下，莫非王土；率土之滨，莫非王臣。"（《诗·小雅·北山》）"自东自西，自南自北，无思不服。"（《诗·大雅·文王有声》）这两首诗，我在《荀子》中反复引述，为的也是表明我统一天下的心愿。

齐国历史博物馆

自离开秦国后，在一段时间里，可以说您是居无定处。一忽儿之齐，一忽儿赴赵，一忽儿又奔楚，最后是任楚国之相的春申君黄歇接纳了您。您是一名中原学者，而春申君是一员南国公子，两人的故居相去何止千万里，可是，他怎么会想到接纳您，并在后来封您为兰陵令呢？

荀子：这个问题提得好，可以说历来的学者都心存疑惑，可从未有人正面加以回答的。我这里要揭示这样一个秘密：除了互相慕名外，我们还有过一段不俗的交谊呢！公元前266年到公元前265年间，即秦昭王四十一年到四十二年间，我应秦相范雎之邀来到秦国考察。虽然在法治还是礼治上与当政的秦昭王与秦相范雎有不同观点，但从个人感情上说，还可以算是交谊甚笃。

而此时的春申君黄歇在哪里呢？原来楚怀王被秦"诱而入朝"后，最后死在秦的大狱中。秦昭王想利用楚国无君之机一举歼灭楚国。这时，春申君黄歇站了出来，给秦昭王写了封长长的信，劝说他立楚怀王的儿子为楚王，如果秦楚结为盟国，那样可以真正地称帝于世。秦昭王接到春申君的信，思之再三，最后决定得让"歇与太子完入质于秦"。事情就这样定了下来。我们知道，歇与太子完作为人质在秦"留之数年"。其实这"留之数年"，我怀疑是"留之十数年"之误。从公元前262年往上推数年的话，也正是我荀子考察秦国的那个年份。我与春申君黄歇曾在秦会面，可以说是铁板钉钉的事。可惜这事，学者们一直没有发现。

《尚书》书影

荀子引《尚书》凡十二处，其中《康诰》六处，《洪范》《吕刑》各二处，《泰誓》一处，《尚书》逸文一处。他是把《尚书》当历史读的，周以前事都本于《尚书》。

春申君雕像

这个史实考证得好。但是，就是两人在秦国有过接触，有着"同在异乡为异客"之感，也不等于说两人一定有交谊，更不一定说明春申君对您老人家有好感啊。两人接触后，春申君决定日后用您，得从你们两人志趣相投上加以说明，是不是？

柳宗元像

柳宗元，唐代思想家、文学家。他非常尊奉荀子，经常引用《荀子》一书中的话来增强文章的说服力。《封建论》一文就引用《荀子·劝学》篇中有关"善假于物"的话，引用时还特别标明"荀卿有言"。

荀子： 你们的发问是有道理的。有接触而双方相恶的，有的是。只有志趣相投的人，才会相互欣赏。我与春申君之间是否志趣相投呢？我说是。这里有三点：其一，我们两人都是学者型的人，而且早年都有游学的经历。我是"年五十（应为年十五）始来游学于齐"，而春申君是"游学博闻……楚使黄歇适至于秦"，相当于楚国公派到秦国游学的学生。其二，我们两人都把秦国作为实现自己志向的研究对象。我到秦国去不只为考察其"山林川谷之美"，更多的是了解其人文状况、政治态势。而春申君则从早年的在秦考察，到后来的"质于秦"，至少在秦国生活了十多年时间，算得上是一个"秦国通"。其三，我们两人在秦国有共同的好朋友，那就是秦的名相应侯范雎。我应邀到秦国考察，牵线人就是他。而春申君在秦国施展身手，包括对秦王上书，包括放行楚顷襄王的太子归国，最后让春申君安然回国，都得到了应侯范雎的倾力相助。正因为有这三点的相同，后来当春申君执掌楚国国柄后才会用我。

《春秋》书影

荀子以《春秋》为教本。依据清人汪中的研究，"《左氏春秋》，荀氏之传也"。一面是研究《春秋》，一面又以《春秋》作教材。有学者以为，荀子不是简单地在探寻"微言大义"，而是要吸取经验教训。

战国时期，各国都在走集权之路，委派地方官之权应在国王手中，正确地说，似乎应说楚王封荀子为兰陵令，可是《史记》为何说是春申君封荀子呢？

荀子： 这要从春申君黄歇由秦返楚后我与他各自的境况说起。楚太子完于公元前262年立为考烈王，为之创下赫赫功业的黄歇被任命为（令尹）相，正式封为春申君，赐淮北十二县作为领地。这时，我先是到赵国，与赵孝成王议兵，公元前260年前后又回到齐国，第三次担任稷下学宫的祭酒，这次一当有好几年。所以在相当长一段时间里我们不可能共事。

直到黄歇被封为春申君的第八年，也就是公元前254年，我在齐国被谗，处境不太妙，于是就来到了楚国。这时的春申君黄歇风头正健，他不忘旧情，把我拉去当了个兰陵令。《史记·春申君列传》说："春申君相楚八年，以荀卿为兰陵令。"太史公司马迁在这里说的是实话。当时的春申君位高权重，在自己领地里封一个小小的兰陵令，有什么不可以？再加上考烈王还年少，只要上朝时由春申君"奏"一下就可以了。

卢照邻像

卢照邻，唐代诗人。他与王勃、杨炯、骆宾王以文辞齐名，世称"王杨卢骆"，号为"初唐四杰"。他盛赞荀子，不仅将荀、孟并提，还将荀子置于孟子之前，他说："尼父克生，礼尽归于是矣。其后荀卿、孟子，服儒者之褒衣。"（《驸马都尉乔君集序》）

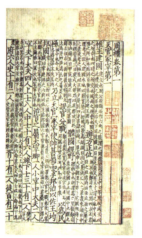

《周礼》书影

荀子力主"法后王"，后王主要是指相传作《周礼》的周公。荀子《王制》一文中提到职官的设置，与《周礼》中提到的官名相合。

但是，后来情况似乎又发生了不小的变化。怎么会有人出来告您的恶状，说您可能利用兰陵这块地盘，经营自己的王霸之业，而春申君又会信以为真，免去了您兰陵令的任命，这究竟是怎么回事？

《周易》书影

　　《荀子》中引《周易》共四条，不算多。多数学者以为，《周易》在孔子时已有定本，荀子可以以此教学。荀子喜言吉、凶、祸、福，是受《周易》影响的明证。

荀子：这只是一种表象，隐在背后的是楚国内部的权力之争。随着楚考烈王的成年，他的羽翼也渐渐丰满起来，他不能忍让春申君"虽名为相国，实楚王也"（《史记·春申君列传》）的局面，对春申君的信任度也日益下降。春申君是个聪明人，就主动提出削领地。《史记》记载："后十五年（公元前248年），黄歇言之楚王曰：'淮北地边齐，其事急，请以为郡便。'因并献淮北十二县，请封于江东。考烈王许之。"对考烈王来说是步步进逼，对春申君来说是且战且退。在困境中，他还是不忘保护老朋友，要下江东之地，而兰陵又正好在江东，他满以为这样可以将我荀况置于其羽翼之下了。

　　可是，事情远没春申君想象的那样简单，不久又有人向他告我的恶状了。这事记在《战国策·楚策四》中："客说春申君曰：'汤以亳，武王以镐，皆不过百里以有天下，今孙子，天下贤人也，君籍之以百里势，臣窃以为不便于君。何如？'春申君曰：'善。'使人谢孙子。"这事春申君心里是明白的，这位"客"，实际上是楚王派来的说客，不听他的行吗？于是干脆同意了他的说辞。

柳宗元墓

　　柳宗元，唐朝著名的文学家，与唐代的韩愈、宋代的欧阳修、苏洵、苏轼、苏辙、王安石和曾巩，并称"唐宋八大家"。柳氏一生留诗文作品达六百余篇。他非常尊崇荀子，在自己的作品中引用荀子语句的频率与引用孔子语句一样高。

可是，不到一年，那春申君怎么又重新封您为兰陵令了呢？有人说那是因为春申君的优柔寡断，有人说春申君出尔反尔，毫无主见，先生，依您看这是怎么回事呢？

荀子墓园（兰陵）一角

荀子：说春申君优柔寡断或出尔反尔，都是误会了春申君。他绝不是那样一种人。他是个仁人君子，这在以后的李园事件中可以看得明明白白，此事在《列女传》有载。应当说，这时的春申君还有实力，那个长期得恩于春申君的考烈王也不想同他闹翻。在免去我兰陵令后，过些时候，春申君耍了个小手法，让别人出来说话，然后重新启用我荀况。《战国策·楚策四》是这样记述的："客云：'昔伊尹去夏入殷，殷王而夏亡。管仲去鲁入齐，鲁弱而齐强。夫贤者之所在，其君未尝不尊，国未尝不荣也。今孙子，天下贤人也，君何辞之？'春申君又曰：'善。'于是使人请孙子于赵。"这个故事说明了，春申君在处理我荀况问题上是那样的智慧，那样的有分寸，也那样的江湖。用"客云"的办法让我荀况再次出山，谁的面子上都说得过去。

刘向像及《列女传》书影

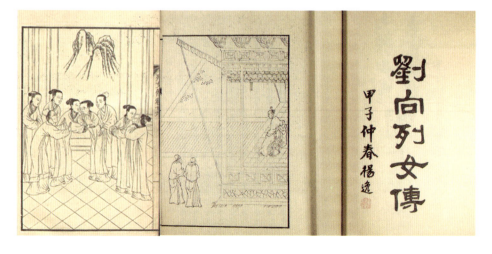

您这次复出后，持续相当长一段时间在楚国任职。两个志同道合的人得以在一起共研学问之道，共同商讨治理国家的大事，那不能不说是人生一大快事。能不能说说您和春申君在这段时间中共事的业绩？

春申君浮雕（局部）

春申君与荀子，都是楚国的臣子，都有游秦的经历，都对秦国的政治、文化赞叹不已，春申君视荀子为心腹也就可以理解了。

荀子： 这可能是我一生中过得较为痛快的一段时日。至于与春申君共事的业绩，那肯定是有的。《史记·春申君列传》这样记述："春申君相楚八年，以荀卿为兰陵令。当是时，楚复强。"具体的状况讲不清了，但是，我一定是把我的诸多强国富民之论用之于楚国了。我说过："轻田野之税，平关市之征，省商贾之数，罕兴力役，无夺农时，如是则国富矣。""明主必谨养其和，节其流，开其源。""辟田野，实仓廪，便备用，上下一心。"（《荀子·富国》）"强本节用，则天不能贫；养备而动时，则天不能病；循道而不贰，则天不能祸。"（《荀子·天论》）用这样一些方略治理国家，国家哪有不富强的？当时的"楚复强"，那可以说也是在情理之中的事。

春申君陵园（淮南市）

但是，好景不长。随着楚考烈王的病老，春申君的处境越来越危殆，而您在楚国的地位也岌岌可危。到考烈王一死，春申君就马上被昔日投在自己门下的那位舍人李园给杀死了，而您这位七十七岁高龄的兰陵令马上被收回了委任状，成了兰陵地方上的一介平民。您不为此感到悲哀吗？

春申君庙

荀子: 这是一场悲剧，大的悲剧！这个悲剧大抵是由春申君的仁慈和过分的君子之风造成的。李园是个小人，是个大阴谋家。早在初为舍人时，有人就提醒春申君要防备些，可春申君不以为然。后来，考烈王病重，李园已经磨刀霍霍了，有个叫朱英的再一次警示春申君：“李园必先入，臣为君杀李园”。要春申君先发制人，可春申君还是认为此人是一个弱者，不应对这种人下手，说什么：“李园，弱人也，仆又善之，且又何至此！”春申君的话音犹在耳，春申君的人头就落地了，我被革除兰陵令，也是势所必然的了。我目睹了这一历史性的大悲剧，但我并不感到有太大的悲哀，因为我无志于当什么“令”。

春申君雕像

您说面对这历史性的大悲剧，却没有感到太大的悲哀。这是从何种意义上说的呢？这对您的理论体系和理论框架的改铸会不会产生影响呢？如果说有影响的话，这种影响主要表现在哪里呢？

《荀子》书影

《荀子》一书为荀卿亲撰，抑或是与其弟子共作？这在学界是有分歧的。梁启超说："今案读全书，其中大部分可推定为卿自著，然如《儒效篇》《议兵篇》《强国篇》，皆称'孙卿子'，似出门弟子记录。"

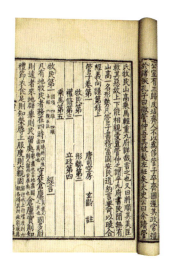

《管子》书影

《管子·枢言》篇认为，礼为决定万事万物的"道"，并从中得出结论："法出于礼。"这与稷下学派处理礼法关系的立场正好相反。

荀子： 在我漫长的近一个世纪的生涯中，经历了太多的战乱，经历了太多的苦难，经历了太多的不幸，当然也看到了不少希望的曙光。战乱时不时扰动着我的心，苦难砥砺着我的精神世界，不幸则使我沉思。我清楚地知道，面对种种突如其来的大悲剧，光是悲哀有什么用呢？

唯有奋斗，才会有出路和前程。

在我的一生中，可以说，我每天都在为构建我的理论框架而辛劳着。

同时，在我的一生中，可以说，我每天又都在为改铸我的理论框架而思索着。

春申君……楚考烈王……李园……

历史会成为"昨天"。可是，在我眼底闪现着的那些国君，那些仁人君子，那些无耻小人，那些说客，那些游士，一直是我心头的"今天"。

我会问自己，我从儒家走来，但是，单单一个传统意义上的"儒"字，能够救生民于水火吗？

我会问自己，我一直在强调一个"礼"字，可是，如果忘记了"法"，那这个社会会是怎样的呢？

我把我的晚年献给了学术，献给了著书立说。在兰陵，我的第二故乡，我生活得很平静。由于有了学术，我的垂老的生命显得特别的坚韧，也特别的光彩照人。

听了上面这些话，我觉得您老人家简直是一个诗人。您熟读《诗经》，您自己也变成了一个诗人。可是，作为一个诗人，注定是命运多舛的。到您生命即将走向终点的时候，传来了您的爱徒李斯相秦的消息。这对您的刺激够大的吧？

李斯泰山刻石拓本

荀子:《盐铁论·毁学》有这样的记载："李斯之相秦也，始皇任之。人臣无二，然而荀卿为之不食。""人臣无二"的说法和观念，我也是有的。我在《荀子·劝学》中就说："事两君者不容。"但是，不容又怎样呢？

我觉得，《盐铁论》记述的是事实，我确实为之不食，但是没有写清楚我的内心世界。就是擅长描写细节的太史公司马迁在《史记》里也没有说清楚。应该说，我此时此刻的内心世界是极为复杂的，既不愿自己的爱徒违背"人臣无二"的原则，又衷心地仰慕我目睹的秦国的古之民、古之吏、古之士大夫……

矛盾，矛盾，在重重矛盾中，我走完了百年的人生之路。

《史记》书影（宋刻本，现存上海图书馆）

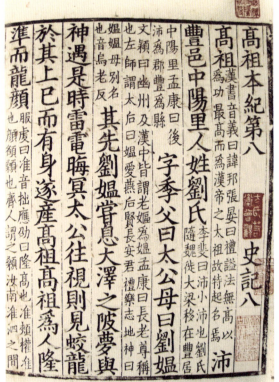

第二章 天人相分

　　每当论及中国传统文化的时候，人们总会把关注的目光投向"天人合一"说，把它视为处理天人关系的至宝。这是偏颇的。其实，在"天人合一"说空前盛行之时，荀子提出的"天人相分"说，既是一种具有鲜明人本色彩的、带有积极进取精神的创新性学说，又是对"天人合一"说的一种相当有益、十分必要的补充。荀子是"明于天人之分"的。在他看来，"天行有常，不为尧存，不为桀亡"，"天行"独立于人而客观存在，这只是天人关系的一个方面；同时，人有主动性，人可以"制天命而用之"，反对"蔽于天而不知人"。荀子敢于向"天"的权威发起挑战，在先秦真可算是石破天惊之论了。

　　著名学者马积高先生在《荀学源流》一书中指出："荀学虽博大，但其核心是天人相分说。"这是不错的。由"天人相分"出发，可以生发出"化性起伪"之说，生发出"隆礼尚法"之说，生发出"重己役物"之说，生发出"知其所为，知其所不为"之说，最后归结为"强本节用，则天不能贫；养备而动时，则天不能病；循道而不贰，则天不能祸"的"人定胜天"思想。

我们知道，您的"天人相分"说是针对社会上长期风行的"天人合一"说而提出的。可是，后世似乎对"天人合一"说褒奖有加，直到21世纪的当今之世，还被人们抬出来作为传统文化的精华大事弘扬，而您的"天人相分"说相对冷落。我们很想知道，"天人合一"说是怎么回事，为何它能长期受到人们的垂青？您可以告诉我们吗？

荀子：敬天、崇天、畏天的观念，可以说古已有之，而推而进之形成有相当理论色彩的"天人合一"说，那是子思和孟子的事，到西汉时的董仲舒，继承了此说，并发展成为天人感应说。

孟子将"天"说成是冥冥之中的最高主宰，认为"天命"是不可违抗的，"顺天者存，逆天者亡"（《孟子·离娄上》）。"天不言，以行与事示之而已矣。"（《孟子·万章上》）"天"的权威不言而喻。董仲舒则明确提出："王者承天意以从事。"（《天人三策》）不只说"天意"，还强调了"承天意"，也就是按天意办事。这一学说的中心思想是两条：一条是说天人之间有相"合"的部分，也就是有着某种内在的联系，人的行为不能违背"天意"，更不能逆天行事。另一条认为人事是天意的体现，天意决定人事；如果真心实意地"承天意"办事，则人事能感动天意，由此两者合而为一。

马积高《荀学源流》封面

马积高，文学史专家。著有《荀学源流》等。他一再提醒人们，中国除了"天人合一"，还有"天人相分"的传统。认为"荀学虽博大，但其核心是天人相分"。

《孟子·荀子》书影

孟子提倡的是"天人合一""性善"说，荀子宣扬的是"天人相分""性恶"说，尽管如此，他们同为先秦儒家大师，故司马迁在《史记》中把孟、荀列入《孟子荀卿列传》。后人将《孟子》和《荀子》合为一编，也是有其道理的。

哲学上有这么一句话：凡是存在的，都是合理的。"天人合一"说，不只在中国历史上存在过，而且存在的时日特别长，还一再被人们所热捧，直到当今之世，一些人不是还将它作为文化遗产的精华捧了出来吗？请问，客观地说，"天人合一"说有它的积极意义吗？

王念孙像

王念孙，乾隆四十年（1775年）进士，历任翰林院庶吉士、工部主事等，平生笃守经训，个性正直，好古精审，剖析入微，与钱大昕、卢文弨、邵晋涵、刘台拱有"五君子"之称誉。著有《读荀子杂志》，认为，荀学的"天人合一"说是"先圣之言，合乎事理"。

**《开成石经》
之《周易·乾》**

荀子：有积极意义的。老实说，如果一点儿也没有积极意义它就不可能存在得那样的久远，更不可能赢得那么多人的信仰。人们懂得了天人相通、相类、相关的一面，就会积极地利用这种相关性，去推动人事。比如，"天行健，君子以自强不息""地势坤，君子以厚德载物"（《易·象》）。这是两句最典型的"天人合一"说的话语。在这里，作者把"天"的"行健"，与"君子"的"自强不息"相比附，加以"合一"。你想当君子吗？你就得自强不息，因为那是"天"要求于你的。同样，作者又把"地"的"势坤"，与"君子"的"厚德载物"相比附，加以"合一"。你想当君子吗？你就得提高自己的道德水平（厚德），你就得承担社会责任（载物），因为那是"地"要求于你的。千百年来，中华民族的"君子"们，就是怀着这样的观念处世、行事、待人、接物的，而且实际的社会效果也特别的好。你说这不是一种巨大的积极意义吗？我们至今还不能忘情于"天人合一"说，其道理也在于此吧！

上面说的，"天人合一"说一定意义上给我们中华民族带来了福祉，上述两句"天人合一"说的典型语句，不知鼓舞了古往今来多少人。人们似乎从来很少考虑这两句话是否符合科学，而只是汲取了它积极而阳光的那一面。可是，话又要说回来，"天人合一"说创言"天"的至高无上的权威，认为天意支配着人事，那总是消极的吧？

荀子：那也不能一概而言，要作历史的、具体的分析。正如《荀学源流》的作者马积高先生所言："就以最粗糙的天人交感说而论，它虽然把人间帝王的权威移到天上，又假天上上帝的威权维护人间帝王的统治，但上天'福善祸淫'、'天听自我民听，天视自我民视'等说，在一定程度上也起到了抑制人们暴行的作用。"这是实在的。"元封二年……夏四月，还祠泰山，至瓠子临决河。命群臣将军以下，皆负薪塞河堤，作《瓠子之歌》。"（《汉书·武帝纪》）雄才大略的汉武帝此时的心情是十分复杂的，他一面亲自到黄河决口处的瓠口去治水，一面又作祭天文《瓠子之歌》，哀告上天降福于万民。伟大如武帝尚且如此敬畏天命，一般的官僚就更是如此了。

而当民不聊生、官逼民反时，打的旗帜也常常是天命。中国历史上第一次农民起义的领袖陈胜，为了使自己的行为合法化，必须伪造"陈胜王"的天书，并塞入鱼肚中去，让大家相信这是天意。那些梁山好汉，打的也是"替天行道"的旗帜。没有这面旗帜，他们的队伍是一天也维持不下去的。

汉武帝像

汉武帝刘彻，汉朝的第五位皇帝，中国古代伟大的政治家、战略家。他听取董仲舒的建议，"罢黜百家，独尊儒术"，使儒学在中华传统文化舞台上独领风骚两千余年。他崇敬孔子，倡明"天人合一"之教，行黄老之治。

陈胜之墓

陈胜，字涉，楚国阳城县（今河南登封东南）人。秦朝末年反秦义军的首领之一，打着"伐无道，诛暴秦"大旗与吴广一同在大泽乡（今安徽宿州西南）率众起兵，成为反秦义军的先驱。

"天人合一"说还有一个"歪打正着"的功效，那就是：因为从某种意义上说，"天"指的就是大自然，因此，人们可以把"天人合一"理解为人与自然的和谐相处。这显然不是"天人合一"论提出者的本意和初衷，但后世的人们可以这样理解。说此论在这方面有积极意义，也是可以的吧？

谢墉像

谢墉，清乾隆壬申年进士，官至内阁学士兼吏部左侍郎，清代儒学大家。能诗善文，著作流传于世的有《安雅堂诗文集》《书学正说》《四书义》等。他的观点有点怪异，荀子明明主张"天人相分"，他却认为荀子的精华在于倡明"天人合一之道"。

荀子：人与自然之间存在着矛盾，那是必然的。随着人类的文明不断发展，人类对自然的利用日盛一日，甚至在某种情况下，会有种种掠夺性的破坏行为，闹得天怒人怨。这样，人们就会想到"天人合一"说，并把"天人合一"说往人与自然和谐发展的方向改铸。要求人类在关爱自我的同时，也关爱大自然，关爱大自然中的一切生命现象。与我一样生长在春秋战国时期的孙武、墨翟、庄周这样一些大思想家，都已感受到人与自然的不和谐给人类自身的存在带来的威胁，因此也力挺"天人合一"说。

墨子雕像

庄子雕像

但是，"天人合一"说自有它从娘胎带来的缺陷，那就是它的非科学性。不错，事物有联系，一切事物都是对立统一的，但是，对立统一不等于合一。"合一"说抹杀了事物各自的特点和各自发展的规律，当然是不科学的，也是不合实际的。事实上，就是"天行健，君子以自强不息"这句话，也无任何意义上的科学性可言。"天行健"可以给人的"自强不息"以某种启示，但两者间是断无联系可言的，更不能"合一"。以这种不科学的学说来框定天人关系，从根本上说是有害无益的。我们这样理解对不对？

荀子：可以这样理解。韩愈从道统出发，坚持"天人合一"说，不赞同我的"天人相分"说，因此说我"大醇而小疵"，难道只有"天人合一"说才"醇之又醇"吗？"天人合一"说的最大危害是限制和扼杀了人的主动性和积极性，把人的思想意识引向邪道。如果说人的一切行为都是在"天命""天志"的控制之下，人还会有所作为吗？那些巫术、邪教，都是以"天人合一"说为思想背景的。中国近代史上的义和团运动，当然是一次伟大的反帝运动，但其思想意识却深受"天人合一"说的影响，他们深信"练拳诵咒，学法画符，诸神附体"，就可以"避火枪刀矛"，结果愚昧无知地活活葬送了无数年轻强健的生命。这样的悲剧在历史的流程中发生得还少吗？

韩愈像

《原道》是韩愈复古崇儒、攘斥佛老的代表作。韩愈认为，这个"道"是从尧传给舜，舜传给禹，禹传给汤，汤传给文王、武王、周公，文王、武王、周公传给孔子，孔子传给孟轲，孟轲死后，没有继承的人。只有荀卿和扬雄，从中选取过一些但选得不精，论述过一些但并不全面。所以，韩愈在《原道》中，追溯道统，称孟子为"醇乎醇者"，而说荀子是"大醇而小疵"，说荀子"考其辞，时若不粹"，有学者认为，从此开了了"尊孟抑荀"之风。

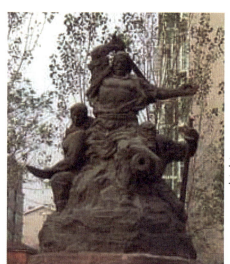

义和团雕像及
义和团旗帜

能不能这样说，"天人合一"说强调的是一个"合"字，而"天人相分"说强调的是一个"分"字。这两种学说的区别也在于此，是这样吗？

游国恩像

　　游国恩，著名文学史家、楚辞学专家。1924年，发表《荀卿考》，并开始迷上风格与荀学相类的楚辞，潜心投入，写下《离骚研究》《天问研究》等论文。他认为，荀子当在年十五来齐国游学，并指出，荀子"天人相分"旨在说明人之能动作用。

荀子：我不能完全认同这种说法，因为这只是一种肤浅的解读。"天人合一"说表面上强调的是一个"合"字，但"合"字的背后是"天"主宰一切，以"天"来主宰"人"。忘记了这一条，就是忘记了这一学说的关键。我倡导的"天人相分"说，固然是强调了一个"分"字，但是，我时时处处都没有忘记那个"合"字。我是既分又合、既合又分，但"分"是基础，是前提，不懂得"分"，也就不会懂得"合"。

　　有一段话我把这个意思说得最清楚了。我说："天地合而万物生，阴阳接而变化起，性伪合而天下治。天能生物，不能辨物也；地能载人，不能治人也；宇中万物、生人之属，待圣人然后分也。"（《荀子·礼论》）我这里一是特别强调了一个"分"字，认为只有圣人才能读解这个"分"字，同时，我也不讳言那个"合"字，天地之合，阴阳之合，天人之合，都是为了让"万物生"，都是为了"变化起"，而不是为了"辨物（主宰物）"，更不是为了"治人"。"人"是要靠自己"治"的，不能让"天"去"治"、去主宰。因此，我说"合"也好，说"分"也罢，都是为了让人在这个世界上有更多的自主权、主动权。要知道，我的"天人相分"说的那个"分"字，学问可大着呢！

《荀子·礼论》书影

按照通常的理解，"天人相分"的"分"，从字义上看有区分、划分的意思，您是要把一些基本的意思、概念都区分清楚，明确无误地告诉读者。您上面自己说了，这"分"字，学问可大着呢。那么，就请您对我们做出简明扼要、井然有序的分解吧，您看行吗？

《荀子·天论》书影

荀子：我也正想借此机会把"天人相分"中的一些道理一一"分"清楚。大家讲的同一个概念，但意思往往是很不一样的，必须得"分"清楚。我先讲第一个意思吧，就是那个"天"字。大家都在讲"天"，可我要告诉大家的"天"，与"天人合一"论者说的"天"，是完全两码事。这首先得分清楚。

什么是我心目中的"天"呢？在《太平御览》中有不少讲述我对"天人合一"及"天人相分"观点的篇章，也对我说的"天"作了较为正确的分解。我在《天论》中写道："列星随旋，日月递照，四时代御，阴阳大化，风雨博施……皆知其所以成，莫知其无形，夫是之谓天功。"这里我简直是在给"天"下定义了。我以为，天空中的恒星相随旋转，太阳和月亮轮流照耀大地，四季不断地变化，阴阳化育万物，春风夏雨博施于大地，这些我们都是看到了的，但一时还讲不清究竟是怎么回事，这就是我们看到和感受到的"天"。我讲得明白透了，所谓"天"，就是我们天天能看到、感受到，但不一定能理解它的那个大自然。这与孟子所说的"顺天者存"的那个有意志的"天"是完全不同的。

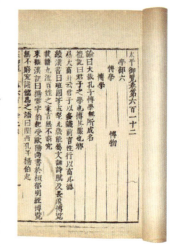

《太平御览》书影
（上海古籍出版社出版）

上面您给了"天"一个恰如其分的说法，把两种迥然不同的"天"的观念区分清楚了。我们读《王制》一文，觉得您在对"物"的认识上也是独具慧眼的。您说："水火有气而无生，草木有生而无知，禽兽有知而无义，人有气、有生、有知，亦且有义，故最为天下贵。"请问，先生这样"分"，有什么意义？

《风俗通义》书影

《风俗通义》，东汉应劭著。简称《风俗通》，原书二十三卷。该书考论典礼类《白虎通》，纠正流俗类《论衡》，记录了大量的神话异闻，并加上自己的评议。对荀子也有评说，认为荀子"人为天下贵"之说是"先圣之见"。

荀子：我这里把天下万物大致"分"为四大类：一是有灵气但无生命的物质，比如水、火；二是有灵气又有生命的植物，比如草木；三是有灵气又有生命且有知觉的动物，比如禽兽；四是既有灵气又有生命又有知觉还有礼义的人。请注意：这里对"人"的界定是：首先是"四有"——有灵气、有生命、有知觉、有礼义；其次是"一最"——最为天下贵。这"四有"，目的是把人与世间的万物严格地区分开来。这"一最"，是把人在宇宙间的地位确定下来。这样作为万物之灵的"人"，能让"天"随意摆弄、随意驱使吗？显然不能。这与"天人合一"说是完全不同的。他们把人混同于一般的物质，忘记了"最为天下贵"这一条。董仲舒在《天人三策》的一开头就说："观天人相与之际，甚可畏也。"在天人的关系中，把人放在"畏"的位子上，与我说的最为"贵"是完全不同的。

《春秋繁露》书影

《春秋繁露》为西汉哲学家和今文经学大师董仲舒之作。董仲舒提出了"天人感应""大一统"学说和"罢黜百家，独尊儒术"的主张。认为，"道之大原出于天"，自然、人事都受制于天命，把人置于"畏天"的位子上，与荀子"人最为贵"思想相悖。

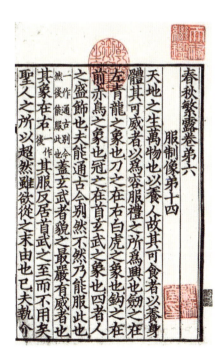

对"道"的理解，也是您与"天人合一"论者的重大分野。一说到"道"，"天人合一"论者强调的就是天道，或者说，人道只是天道的附生物，人道随天道而转。可您就很不相同，您把天道与人道区分得清清楚楚，而且很大程度上强调了人道，我们这样理解对不对？

荀子： 正是这样。在我看来，天之道与人之道，本质上是两股道上跑的车，可以并行不悖，但不能混为一谈。我说得很透彻："天有常道矣，地有常数矣，君子有常体矣。"（《荀子·天论》）这里说的常道、常数、常体，都是指规律、法则、规范。天、地、人，作为不同的"物"，会有不同的"常道"，这样说错了吗？显然没有错。天、地、人都有自己的"道"，关键是作为主体的人，更应重视的是何"道"？我给出的答案再明确不过了：人就是该重视人道。因此，在一些篇章中，我就把"道"简化为"人道"。"道也者何？非天之道，非地之道，人之所以道也，君子之所以道也。"（《荀子·儒效》）我还说："道也者何？礼义辞让忠信是也。"（《荀子·强国》）我这样讲单独看来有点儿绝对了，但放在批评"天人合一"论那个大背景下观察，就明白我的用意之所在了。

池田知久像

池田知久，东京大学大学院人文社会系研究科教授。日本周易学会会长、中国社会文化学会理事长，他在《郭店楚简〈穷达以时〉之研究》中也认为，荀子应在年十五来齐国游学，并指出荀子崇尚人道。

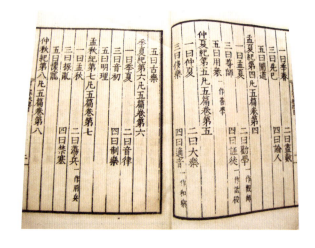

《吕氏春秋》书影

有学者作过统计，《吕氏春秋》中称引孔子有七十七次，另有称引仲尼六十一次，共一百三十八次。称孟子的有八十一次，称荀子的有八十二次，由此看来，荀子在吕不韦心目中的地位不亚于孟子。

作为万物之灵的人，就是要强调人道、深究人道，这一点我们完全理解。可是，为什么您在某种场合下又大谈其"天职"，而且还要人们"不与天争职"。您这样说，是否与前面的十分强调人道有点矛盾？

王守仁像

王守仁，世称阳明先生，故又称王阳明，明代最著名的思想家、哲学家、文学家。他从性无定体，体用源流都归于一性的思想出发，大致肯定了荀子的性恶论，说："孟子说性，直从源头上说来，亦是说个大概如此。荀子性恶之说，是从流弊上说来，也未可尽说他不是，只是见得未精耳。"王守仁集孔、孟、荀人性论于一体，又修正程朱的观点，从心学的角度发展了宋明理学的人性论。

《王阳明全集》书影
（上海古籍出版社出版）

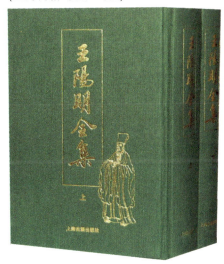

荀子：一点儿也不矛盾的。人作为"最为天下贵者"，当然应该有自己循行的道，重视自己循行的道。但是，我在用"天下"这个词的时候，本身就是在告诉人们，你是生活在"天盖之下"的啊，你的生存和发展可一天也离不开"天"啊！正因为人离不开天，因此人应该"不与天争职"（《荀子·天论》），即人不能随意地去干预天的运行，更不能随意地去改变天的职能。

在"天"面前，人应该"积德于身而处之以遵道"（《荀子·儒效》），这里说的"遵道"，就是遵循道的发展轨迹而行。人还应该"循道而不贰"，那样"则天不能祸"。这"循道而不贰"在《荀子集解》中改作"修道而不贰"。这一改实在好，人的"遵道"也好，"循道"也罢，最终都得"修道"，修养自己，使自己明白道理，然后真心实意、一心不贰地去践行，如果"背道而妄行，则天不能使之吉"（《荀子·天论》）。这样说，与强调人道是不矛盾的，实际上是相辅而行的，人"遵道""循道""修道"的过程，不就是人道得以弘扬的过程吗？一个浑浑噩噩的人，怎么可能去自觉地"遵道"呢？

在《天论》篇中，您说过"唯圣人为不求知天"，因此有学者就给您戴上了一顶"反对认识和研究自然"的大帽子。对此，您能接受吗？

荀子：当然完全不能接受。"圣人为不求知天"，是针对一种强不知为知、对大自然的奥秘胡思乱想的错误倾向而言的，也是针对稷下学宫争辩中所暴露的"求知天"思想而说的，一点也没有反对认识和研究自然的意思。正如夏甄陶先生在《论荀子的哲学思想》一书中说的："'不求知天'，就是反对对自然界进行主观臆测，任意造说，把外来的、主观的成分附加给自然界，反对冥思苦索地去追求神秘主义的'知天'。"我可以再加一句，反对那样的神秘主义的所谓"知天"，正是为了真正达到科学意义上的"知天"。

夏甄陶像及
《论荀子的哲学思想》封面

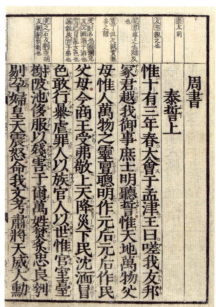

《尚书·泰誓上》书影

《尚书·泰誓上》有言："惟天地万物父母，惟人万物之灵。"其意谓天地生出万物，是万物之父母。"人"是"万物"中的一员，又是"万物"之"灵"。"人"尊贵无比，不可亵渎。荀子深得《泰誓》篇之精义，他说："人有气、有生、有知，亦且有义，故最为天下贵也。"（《荀子·王制》）认为人有气息，有生命，有感觉，而且懂得礼义，所以说，人是世界上最可宝贵的。此话极大地肯定了人的价值和地位，构成了荀子人性论的一个主要内容。

列宁像

由您的"明于天人之分",会自然而然地让人想到无产阶级革命导师列宁的一段话:"在人面前是自然现象之网,本能的人,即野蛮人没有把自己从自然界区分开来,而自觉的人区分开来了。"您提出"明于天人之分",不正好说明此时的您已不是个"本能的人",而已是个"自觉的人"了吗?

荀子: 我想,是可以这样说的吧!"觉""自觉"这样一些观念,在我们那个时代已有,在孔子、孟子的作品中多次提到。我是用自己的理论解读了这个"觉"字。我的"觉"表现在:强调人是天的主人,自然的主人,人应该相信自己的力量,发挥主观能动作用,认识自然之道,利用自然之道。我在批评庄子时,说他"蔽于天而不知人"(《荀子·解蔽》),即他的致命伤在于盲目崇拜天道,不懂得人的能动作用,消极无为。《晋书》有不少论及"明于天人之分"的内容,不过,在我之前没有人能把天人关系分得那样清,正是从这一意义上,说我不是本能人、野蛮人,而是自觉的人,这是符合实际的。

我为自己能成为自觉人感到高兴、骄傲。

《晋书》书影(宋刻本,现存上海图书馆)

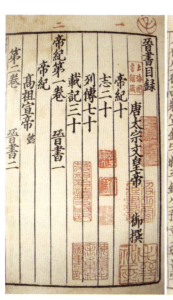
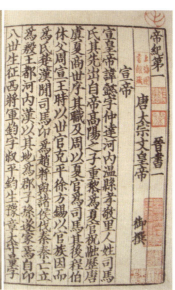

作为一个"自觉的人"，您提出了"制天命而用之"这样一个伟大的命题。您在《天论》一文中写道："大天而思之，孰与物畜而制之！从天而颂之，孰与制天命而用之！望时而待之，孰与应时而使之！因物而多之，孰与骋能而化之！思物而物之，孰与理物而勿失之也！愿于物之所以生，孰与有物之所以成！故错人而思天，则失万物之情。"我们读着这段充满激情的文字，觉得它称得上是一篇豪气冲天的"制天命而用之"的宣言，它宣告着人在大自然面前不迷信、不低头、不屈从的伟大人文精神，我们这样理解可以吗？

荀子： 在后世的《春秋经传集解》中也论及"制天命而用之"的命题。为了弄清上面这段话的精义，我先把这段话翻译出来。我是说：与其夸大天的作用而无尽止地思慕它，倒还不如把它当作物来畜养它和控制它！与其顺从天颂扬天，倒不如掌握它的规律并利用它为好！与其盼望天时而等待它的恩赐，倒不如适应季节变化而使它为我所用！与其依靠万物的自然增殖而增多收益，倒不如施展人的才能根据我们的需要去化生万物！与其苦思冥想让一切物质为我所用，倒不如切实地管理好万物并不造成浪费了！与其整天思慕着万物是如何生成的，倒不如去促成万物更好地成长！最后的结论是：那些放弃人的努力而一心期望天的恩赐的人，是怎么也不可能了解世间万物的真情的。

这里有的是两种思想、两种观念的碰撞和对比：大天与制天；颂天与用天；望时与应时；因物与化物；思物与理物；生物与成物，如此等等，通过一系列的碰撞和辩说，把"制天命而用之"的思想和盘托出，让读者自己去思考，去辨析。

胡适像

胡适，现代著名学者、诗人、历史家、文学家、哲学家。"适"与"适之"之名与字，乃取自当时盛行的达尔文学说"物竞天择，适者生存"。他在《中国哲学史大纲》中认为，荀子应在年十五来齐国游学，还认为"荀子'制天命而用之'之说实为不迷信之豪言"。

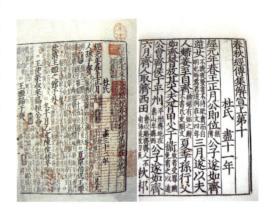

《春秋经传集解》书影
（宋刻本，现存上海图书馆）

您不是反对"天命说"的吗，可以说，您的整个学说的精粹就是在反对那种祸国殃民的"天命说"，可是，让我们迷惘的是，您怎么又在《天论》篇中运用了"天命"这个概念呢？

梁启雄《荀子柬释》封面

梁启雄，古典文学专家，梁启超胞弟。主要著作有《荀子柬释》《二十四史传目引得》《荀子简释》等。在《荀子简释》附录的《荀子传微》中认为，荀子反对"天命"说，为诸子之智，并指出，荀子当在"年十五来齐国游学"。

荀子："天命"云云，是说上天的意旨的意思，它与上天主宰人的命运相联系。你们感到奇怪，我荀况是反对天命观的，怎么在这里也用上天命一词了呢？我可以告诉大家，我有时在文稿中也用"天命"一词，但我绝不是天命论者。我用"天命"一词，有时是为了随俗，大家都在用，我也不妨用它一下。看，与我同时代的屈原大夫，他是反对天命的，但他不是也说过"天命反侧，何罚何佑"（《楚辞·天问》）这样的话吗？另外，我用"天命"这个词，正是为了反天命，不知大家注意到了没有，我没有单独使用"天命"一词，而是在前面加了个"制"字吗，这一个"制"字，就把原先"天命论"的那些思想、观念都给否定掉了。

屈原像

《楚辞》的主旨是否定天命的，所以才有"天问"这样响彻人寰的命题。

《楚辞》(元刻本) 书影

您在"制天命而用之"的这段宣言式的文稿中，接连两句强调对"天命"要"制之"，请告诉我们，这两个"制之"，在意思上有什么异同？

荀子：可以说是既有相同处，又有相异处。"大天而思之，孰与物畜而制之；从天而颂之，孰与制天命而用之。"这连用的两个"制"字，共同之处，都有制约的意思。为什么要夸大天的作用呢，我荀况相信人是能制约老天爷的。为什么要那样颂扬上天呢，我荀况同样认为人是可以制约天帝的。我不是说过这样一句："百姓贵如帝"(《荀子·王霸》)，这里既然百姓本身就是"帝"，那人们为何不能一定程度地制约天帝呢？当然，这两个"制"字还是有所不同的。前一个"制"字，强调的是控制，《诗·小雅·节南山》有"以畜万邦"的话，高亨释"畜"为"治理"，那么"畜而制之"，就是边治理边控制大自然的意思了。后一个"制"，则较为强调对自然规律的掌握、了解了，在此基础上最大限度地利用大自然。

《荀子·王霸》书影

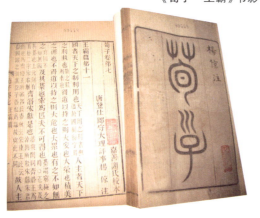

高亨像

高亨，教授，当代著名的古文字学家，先秦文化史研究的著名学者和古籍校勘考据的专家。著有《墨子新笺》《庄子新笺》《荀子新笺》《韩非子新笺》《吕氏春秋新笺》《商君书新笺》六种"诸子新笺"等。认为荀子的"制天命而用之"就是要人们敬畏自然、利用自然。

邹浩像

邹浩，北宋官员，累迁兵部侍郎，两谪岭南，复直龙图阁。他坚持"文道统一""以道为主"，善于刺取诸说，兼容并蓄，其诗歌等著作，有着禅学、儒学、道学三位一体的思想烙印。著《道乡集》四十卷。

我们认为,"制天命而用之"这段话的核心是最后两句话:"错人而思天,则失万物之情。"意思是:放弃人的主观努力,而一味期望上天的恩赐,那必然丧失对万物实情的了解。您当然不希望"错人而思天"这种情况的出现。那么,在您看来,如何才能做到不"错人"呢?

周予同像

周予同,教授,历史学家,著有《历史文选》等。他认为:"说起战国时儒家的主要流派,自然要数孟子和荀子。"还赞荀子"制天命而用之"论为"人们破除思想迷信的伟大学说"。

荀子:其实我在这段文字中已说到了。克服"错人而思天"的缺陷,实际上就是如何发挥人的主观能动作用的问题。我大致上讲了四条:一、"应时而使之",就是顺应季节的变化而努力发展生产。中国长期是农业社会,"应时"显得特别的重要。二、"骋能而化之"。"骋能",就是发挥人类特有的智能,以应对事物的千变万化。三、"理物而勿失之"。"理物"两字,倒过来就是"物理",意思是应认真掌握事物发展的道理,而不使自己生活中有所失误。四、"有物之所以成",懂得事物之所以成为这样的原因,也就是摸索事物发展的规律。这些不都讲的是人的主观能动性吗?我在文中说到先圣大禹治水,不就是"制天命而用之"吗?

大禹治水雕像

45

相信人自身的力量，和相信科学技术是一致的。可是，在古代中国，对"用力少而见功多"的机巧之事历来存在着偏见。《庄子·天地》有言："有机械者必有机事，有机事者必有机心，机心存于胸中，则纯白不备，纯白不备则神生不定，神生不定者道之所不载也。吾非不知，羞而不为也。"事实上，对科技"羞而不为"的人，绝不是个别的。对此，您取何态度呢？

荀子： 在我看来，学习和崇尚科技，本身也是一种"骋能而化之"。我提倡科学种田。主张："修堤梁，通沟浍，行水潦，安水藏，以时决塞，岁虽凶败水旱，使民有所耘艾。"（《荀子·王制》）此外，我还主张凡是有一技之长的"百工"，都应"将时斩伐，佻其期日，而利其巧任，如是则百工莫不忠信而不楛矣"。社会只要"器用巧便"了，那么必然"财不匮矣"（《荀子·王霸》）。这是作为一个大臣应该遵循的原则，即"从道不从君"的为臣之道（《荀子·臣道》）。强调科技对生产的作用，这也算是我荀况对社会的一个贡献吧！这里与庄子的"机心存于胸中，则纯白不备"说是完全相反的。

王夫之像

王夫之，别号一壶道人，世称"船山先生"，明末清初杰出的思想家、哲学家。他学问渊博，对天文、历法、数学、地理学等均有研究，主要著作有《周易外传》《周易内传》《尚书引义》等。他认为要想真正读懂《庄子》并非易事，对"有机事者必有机心"之说，要从"不争""忘我""去机"等入眼，方能体验其真意，在这点上与荀子观点相左。

《百工图》(佚名，壁画局部)

《荀子·臣道》书影

说到崇尚科技，又会使人联想到您对自然界种种怪异现象的态度。您说过："星队（坠）、木鸣，国人皆恐。曰：是何也？曰：无何也，是天地之变、阴阳之化、物之罕至者也。"（《荀子·天论》）意思是说，流星的坠落、树木被风吹发出种种鸣叫声，众人都会感到恐惧。问道：这是什么原因啊？您的回答是：没有什么特别的原因。这是天地的变异、阴阳两气的变化、自然界的一种少见的现象。有学者认为，您的这番宏论，既是对"天人合一"论者的严正批判，又是对中国古代唯物主义传统的继承和发展，这一评说精当吗？

王国维雕像

王国维，清末秀才，近现代在文学、美学、史学、哲学、古文字、考古学等各方面成就卓著的学术巨子，国学大师。撰有《周秦诸子之名学》《子思之学说》《孟子之学说》《荀子之学说》等，他认为荀子的《天论》篇是对古代唯物说的总结。

荀子：你们说的是对的。我的"怪异不可畏"的提法，矛头所向是"天人合一"论者的天变"甚可畏也"一说的。董仲舒在《天人三策》中说："国家将有失道之败，而天乃先出灾害以谴告之；不知自省，又出怪异以警惧之；尚不知变，而伤败乃至。"我的回答很明确，这是"天地之变、阴阳之化"的正常现象，是"物之罕至"的偶然现象，"怪之，可也；而畏之，非也"。面对怪异现象，感到奇怪，那还是说得过去的，如果由此而产生畏惧，那是不对的。

这种种说法，当然不是我一个人拍拍脑袋凭空想出来的，主要是因为：一是凭我对自然界的切实仔细观察的结果，二是对中国传统文化的继承。中国自古就有"万物之怪，书不说"（《荀子·天论》）的美好传统，我把这种传统作为珍宝收藏了起来。另外，被我称道为"仁知且不蔽"的孔子，他是历来"子不语怪、力、乱、神"的，这种科学精神在我的学说中得到了最好的继承和发展。

董仲舒墓

与反对"以怪异为可惧"相联系的,是您对有着千年历史的占卜现象取鲜明的否定态度。您的结论是:"善为《易》者不占。"(《荀子·大略》)意思是说:真正读懂了《易经》,真正懂得天地变易之理的人,是不会去迷信占卜的。历代的学者对您提出的"善为《易》者不占"评价很高,认为是中国唯物史观发展链条中的重要一环,能不能这样说呢?

荀子:《易》是我们祖先留存下来的一部伟大作品,称之为万年经书之第一经也不为过。多少年来,读《易》者不少,但真正读懂、读通了的,寥寥无几。在读《易》过程中,后来大家把目光聚焦到了恒卦第三十二的"不恒其德,或承其羞"一语上,意思是:一个人如果不能保持他的美德,时或会蒙受耻辱。认为恒德是最难的,恒德也是最可贵的。孔子是以读《易》出了名的,他的"韦编三绝"的故事感人至深,他读《易》后得出一个结论:"不恒其德,或承其羞。子曰:不占而已矣!"(《论语·子路》)意思是:一个人没有一贯的操守,一定会遭受羞辱,那是不要占卜就知道的事。"不占"二字出自孔子之口,不过,孔子这里说的"不占",还是特指道德上的坚守。到了我荀况时,我把"不占"普及到世间的万事万物,提出了"善为《易》者不占",应该说这在打破天命观上是起了巨大作用的。顾炎武在《日知录》中进一步强化了孔子和我的思想,看,传统的思想就是这样一环一环给"传"下来的。

顾炎武像

顾炎武,号亭林,学者尊其为"亭林先生",明末清初著名的思想家、史学家、语言学家。与黄宗羲、王夫之并称为明末清初三大儒。著作繁多,有以毕生心力所著的《日知录》等。他对荀子"善为《易》者不占"之说加以继承和阐发,认为不能长久保持自己良好品德的人,就免不了蒙受别人的羞辱。

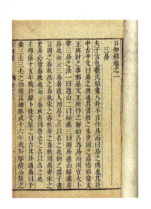

《日知录》书影

　　荀子的人性论是他的"天人相分"观念在人生课题上的延伸和应用。这里天人相分具体化为人的天生"材性知能"和后天的人生"习俗所积"之间的"相分"。前者实际上是人的自然秉赋或本能,荀子称之为"性"。荀子目睹了人世间太多的罪恶和黑暗,在他看来,人性是恶的,是势利的,是明争暗斗的,所谓"人之生,固小人",人人天生都是唯利是图的恶人、小人。但他终究是一个大师级的思想者,他相信思想的力量,相信教育的功效。荀子把人们在不同的生活历程中形成的思想、品格、道德、风貌,称之为"伪"。通过良好习俗的熏陶,通过"化性起伪"的教育,最终达到让"涂之人可以为禹"的目的。他的人性论的起点虽说是"性恶",终点却是造就"至人"和"圣人"。在荀子的眼里,人世的前程一片绚烂和光明。

在谈论"性"时，战国时期的思想家都把它解释为是生来就具有的。比如著名的谈性专家告子就说："生之为性。"与之辩论不已的孟子也同意这个看法（《孟子·告子上》）。可是，主张性恶的您，在认同"生之为性"的同时，似乎特别强调性的先天性，把性称之为"天性"，这是为什么？

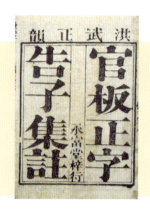

荀子: 的确，我对性的先天性的强调，是大为超过同时期的各家的。我说过："性者，天之就也。"意思是，性是先天造就的，与生命俱来的。我说过："生之所以然者，谓之性。"意思是说，性是天生就是这样的东西。我还说过："不事而自然谓之性。"（《荀子·正名》）意思是说，性是不事雕塑自然而然的东西。我在解读"性"字时，明显更强化了一个"天"字。

《告子集注》书影

告子，战国时期思想家。善口辩，讲仁义，后与孟轲论人性问题，认为"生之谓性"，"食色，性也"。人性和水一样，"水无分于东西"，性也"无分于善不善"。其言论见《孟子·告子》篇。赵岐在《孟子注》中说，告子"兼治儒墨之道"。

我为何要强调"性乃天性"呢？一是为了与我的"天行有常"的天人论接轨。整个世界有个"天"，那是自然；人类自身也有个"天"，那就是天性。天性也是自然。二是为我的性恶论藏下伏笔，说明当今之世天下大乱，是人性恶的大泛滥，不治理这个天性，那天下将会永无宁日，即所谓："从人之性，顺人之情，必出于争夺，合于犯分乱理，而归于暴。"（《荀子·性恶》）三是为我的"化性起伪"说奠定基石。"性"可"化"，而不可"从"（意为放纵），更不可顺。

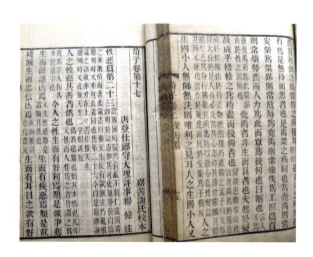

《荀子·性恶》书影

关于性的内容，您与当时一些思想家的说法也是很不相同的。当时最著名的提法是"食色，性也"（《孟子·告子上》）。而您所说的性恶之"性"的内容要宽泛得多，我们理解得不错吧？

龚自珍像

龚自珍，中国近代文学的开拓者。在人性论问题上，龚自珍既反对孟子的"性善论"，也不赞同荀子的"性恶论"，而明确表示他赞同告子的"性无善无不善"的观点。他认为，人性本来无善与不善之分，"善恶皆后起"。桀之为"恶"与尧之为"善"，都是后天形成的。

《淮南子》书影

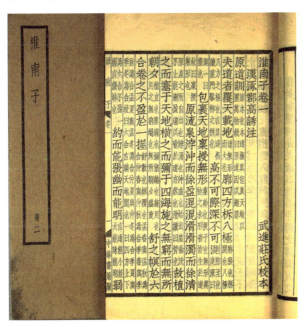

荀子： 我说的人性，大致有这样一些内涵："今人之性，生而有好利焉，顺是，故争夺生而辞让亡焉；生而有疾恶焉，顺是，故残贼生而忠信亡焉；生而有耳目之欲，有好声色焉，顺是，故淫乱生而礼义文理亡焉。"（《荀子·性恶》）在这里，我认为人性包含了三个大的方面：一是"好利"，也就是追求个人的物质利益。二是"疾恶"，是讲人际关系，人与人之间相互妒忌憎恨。三是"好声色"，这主要是讲无尽止地追求精神享受。三者中间，最重要的是好利。人性恶，恶中之恶是好利。这一点与孟子有点儿同，不过孟子不是从人性角度提出问题的。《淮南子》继承并发挥了先秦儒家"仁者爱人"的原始人道思想，有学者认为同我的人道思想相近。

不少人都想不明白，您为何要把人性说得那样的恶？像孟子那样把人性写得光明一点不是更好吗？

荀子：对于我为何把人性写得那样恶，清代学者王先谦在《荀子集解》一书中有一种说法："余因以悲荀子遭世大乱，民胥泯棼，感激而出此（性恶）也。"如果说孟子时已是"争地以战，杀人盈野，争城以战，杀人盈城"（《孟子·离娄上》）的话，处于大一统前夕的"黎明前的黑暗"那会是更可怖，争杀之状更惨烈。再加上个人的种种不如意的遭遇，如在稷下学宫，好端端地当上了"最为老师"，可是，接着就"遭谗"，不得不卷起铺盖出走。到秦国去，我盛赞了秦之山川地理，民情风俗，政治文化，可是，秦的君臣对我也不怎么样。在楚国，春申君是了解我的，可也免不了一度"遭谤"而除去兰陵令的封号。春申君一死，更是世态炎凉，只能躲到兰陵的郊外去埋头著述了。这一切遭遇，都在我的心坎上深深地打上一个"恶"字。

傅斯年像

傅斯年，历史学家，五四运动学生领袖之一。他认为荀子的批判对象就是孟子的性善论，说："荀子掊击之对象，孟子之性善说，非性无善无不善之说也。"（《性命古训辨证》）

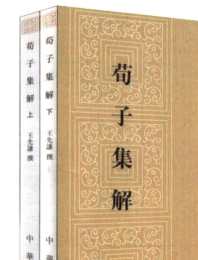

《荀子集解》书影
（中华书局出版）

上面说的这些当然是不错的。但事情还有另一个方面。有人说，孟子的"性善论"是力图在为他的"仁政"学说寻找理论依据，同样，您的"性恶论"是在为"礼教法治"观念寻找理论依据，不知先生以为然否？

凌廷堪像

凌廷堪，清代学者。仰慕其同乡江永、戴震学术，于是潜心于经史。乾隆五十五年进士。后因阮元聘请，为其子常生之师。晚年下肢瘫痪，毕力著述十余年。他坚决反对"尊孟抑荀"，撰有《荀卿颂》，认为荀子的"性恶说本于礼教"。

《校礼堂文集》封面（中华书局出版）

凌廷堪在《校礼堂文集·荀卿颂》文中说："（战国时）七雄并争，六籍皆缺，而礼为尤甚。守圣人之道，孟、荀二子而已。夫孟氏言仁，必申之以义。荀氏言仁，必推本于礼。荀氏之学，不戾于圣人可知也。后人尊孟而抑荀，无乃自放于礼法之外乎？"

荀子：我是一个面向社会实际的思想家，我的一切理论不可能是空穴来风，更不可能是为理论而理论。说我的"性恶论"是在为"礼教法治"寻找理论依据，那是完全正确的。我自己就说过："人之性恶。故古者圣人以人之性恶，以为偏险而不正，悖乱而不治，故为之立君上之势以临之，明礼义以化之，起法正以治之，重刑罚以禁之，使天下皆出于治，合于善也。是圣王之治而礼义之化也。"（《荀子·性恶》）点明人性之恶，最终还是为了"合于善也"，也就是求得人世之善，从内心讲，我就是这样想的。

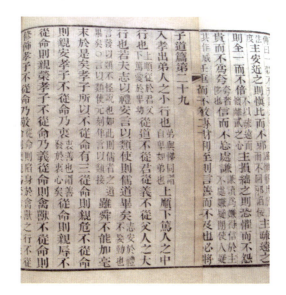

《荀子·子道》书影

53

在历史上，对您的"性恶论"褒贬不一，应当说，东汉的王充说得较为中肯。他对您的一系列说法，有不同意见，也有批评，但对"性恶论"基本上是肯定的，他说："荀卿性恶之言，有缘也。"(《论衡·本性》)不知您以为，王充的所谓"有缘"云云，是何意思？

荀子："有缘"指的是有缘由、有道理也，与时下说的有缘分是两个意思。再读王充的这篇大作，可知他肯定我的有两条：其一，他认为，性恶说符合现实生活中人的实际。所谓"一岁婴儿，无推让之心，见食，号欲食之；睹好，啼欲玩之。长大之后，禁情割欲，勉厉为善矣"。王充说的这些，我都说到了。其二，他认为，性恶论也是可以以历史为据的，"纣为孩子之时，微子睹其不善之性"。孩子时有不善之性，本没有什么，问题是要懂得"化性"，而纣恰恰不懂得，"其人长大为乱不变"，结果当然成为恶人了。

当然，王充对我的肯定也是留有余地的，易言之，也还是有疑问的。他说："若孙卿之言，人幼小无有善也？"意思是说，照孙卿的说法，每个人小时候都无善心的了。他是语带疑虑，在思索，在分析，在研究。这是完全允许的。哪有一种学说不准人怀疑的呢？

《论衡》书影

《论衡》为东汉哲学家王充所著。《论衡》共有八十五篇，二十余万字，解释万物的异同，纠正了当时人们的疑惑。对于荀子的性恶说作了肯定并回答缘由，在《论衡·本性》说："孙卿有反孟子作《性恶》之篇。"

王应麟像

王应麟，南宋学者。他无论"性善""性恶"说，强调"养心""尽性"，认为："求在我者，尽性于己。"王氏思想还有多处与孟子、荀子契合，最明显的是他继承发扬了孟子、荀子的"民贵""民本"论。

恩格斯在《费尔巴哈与德国古典哲学的终结》一书中说："黑格尔说：'有些人他们说人性善的这句话时，就算是自己说出了非常深刻的思想，但他们忘记了，人性是恶的这句话，意思要更深刻得多。'黑格尔说的恶是历史发展的动力借以表现出来的形式，这里有两重意思：一方面，每一个新的进步都必然是对某一种神圣事物的凌辱，是对于一种陈旧、衰亡，但为习惯所崇拜的秩序的叛乱。另一方面，自从各种社会阶级的对立发生以来，正是人们恶劣的欲求——贪欲和权势欲成了历史发展的杠杆。"读了这段论述性恶论的话,您有何感想？

《费尔巴哈与德国古典哲学的终结》封面

荀子：想不到，想不到！恩格斯，还有黑格尔，对性恶论的评价会是那么高。从恩格斯那段话的语意看，真正的性恶论者，应该站出来热情地讴歌这种作为"历史发展的杠杆"的人性之恶，而我却是时时对性恶取批判的态度，这是我的局限。当然，我也有我自己足以欣慰的地方，我主张的性恶，比起孟子的性善论来，终究"意思要更深刻得多"啊！

恩格斯像

恩格斯（1820—1895）是马克思主义的创始人之一。1847年，恩格斯和马克思共同撰写了《共产党宣言》。1883年马克思逝世后，他肩负起了继续领导国际工人运动的重任。《费尔巴哈与德国古典哲学的终结》作于1888年，是恩格斯晚年最成熟的作品之一，其中有对"性恶论"的科学评价。

现在，还是让我们回到"化性起伪"这个话题上来吧。您一再说"不可学、不可事之在天者，谓之性"，也就是说，"性"这个东西，是不可能通过学习获得的，也不可能通过努力得到的，它是天生的。可是，您怎么又一再说到"化性"这个概念呢？"化性"与"性"之间有何关联呢？

荀子：在我看来，"性"是天生的，而且是恶的。人来到这个世界上，在"性"的问题上会有两种可能，一种是"顺性"，或"纵性"，也就是依顺着恶的性发展，或放纵恶的性发展，听之任之，这个人就变得越来越坏，成为恶人，以至于大恶人。另一种是"化性"。"化"性之"化"是一个动词，是一种促其变化的行为。"化性"的结果是不再是原先的"性"。因此，"化性"也可以解释为化解掉天性。

在我看来，"化性"不是个人行为，也不可能是个人行为。"化性"并非像《韩非子》书中那样力主以法度约束人事所能解决的，我主张"必将有师法之化、礼义之道，然后出于辞让，合于文理，而归于治"（《荀子·性恶》）。请注意：在提到"化"时，我的提法是"师法之化"，而且以"必将"两字强化之。我的意思是：化性除了靠个人的努力外，主要还要靠两样东西：一是老师的教化，二是法度的约束。没有这两条，恶之性还是"化"不掉。"人无师法，则隆性矣。"（《荀子·儒效》）没有老师的教化和礼法的约束，等于放任本性的发展。

陈柱像

陈柱，现代著名史学家，勤于国学，博闻强记，精于子学，著有《诸子概论》《中国散文史》等。他说："荀子之性恶论，盖专为反对孟子之性善论而作。"（《诸子概论》）并认为习俗对于"化性起伪"有着关键作用。

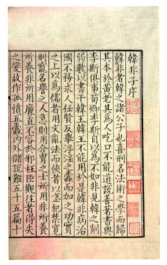

《韩非子》书影

人要"化性"，就会涉及它的另一面，就是"起伪"。这是人由恶走向善的必经之途。我们要问的是："伪"这个字眼似乎是您发明的，它的基本意思是什么？"伪"又该如何"起"呢？

仓颉像

仓颉，据《说文解字》记载：仓颉是黄帝时期造字的史官，被尊为"造字圣人"。汉字在中国有着悠久的历史，是中华民族文明之母，是中华民族文化的重要标志。

仓颉石像及仓颉庙

对于仓颉，战国以前的典籍中都从未提及。最早提及仓颉者，是荀子，其后是《吕氏春秋》。

荀子：我要说清楚的是，"伪"这个字眼不是我发明的，而是古已有之的。不过，在我之前的古书上，"伪"都作伪装、虚伪、奸伪讲。《书·周官》："恭俭唯德，无载尔伪。"孔传就作奸伪解。《孟子·滕文公上》："从许子之道，相率而为伪者也，恶能治国家？"显然，这里的伪也是奸伪、作伪的意思。《易·系辞》："情伪相感而利害生。"意思是指虚伪、虚假。我则开发了"伪"字的一个新含义：人为。这可能是中华文祖仓颉造字深有含义，一个"人"字，一个"为"字，加在一起不就是人为吗？而"人为"正好与"天性"相对照。"起伪"的"起"，是个多义词，用在这里，大致上与起飞、起跑、起步、起始、起初等词语中的"起"的意思差不多，都有开始之意。就是在"化性"的同时，马上开始人为的过程。我在这里用"起伪"一词，是想告诉大家，用礼义来人化自己，是一个只有开始没有结束的终生的历程。

先生以"化性"与"起伪"联用，也该是别具深意的吧？

荀子： 两者可以说是破与立的关系。这里不是强调孰先孰后的问题，而是讲一个过程的两个方面。"化性"当然是指破，也就是要把原先上天赋予的那个恶性破除掉。而"起伪"大致上指的是立，立什么呢？当然是立人区别于天下其他物类的礼义法度了。"伪起而生礼义，礼义生而制法度。然则礼义法度者，是圣人所生也。故圣人之所以同于众、其不异于众者，性也；所以异而过众者，伪也。"（《荀子·性恶》）"化性"较多的是强调个人的主动性和积极性，而"起伪"更多强调的是"异而过众"的圣人的教导。我在《性恶》篇用了很大的篇幅讲解了"涂之人可以为禹"。我希望人人都成为像大禹这样的圣人。当然，这是从理论上讲的，具体到一个人的"化性起伪"过程，那是不尽相同的。

蒋伯潜《十三经概论》封面

蒋伯潜，著名学者，于经学、文学均有很深造诣。主要著作有《经与经学》《十三经概论》《经学纂要》《诸子通考》《诸子学纂要》等，在《诸子通考》中也认为，荀子的"起伪"，实际上是在强化教化。

大禹陵

在《荀子·儒效》中，您一再提到正确对待习俗在"化性起伪"中的重要性。"注错习俗，所以化性也。""故人知谨注错，慎习俗。"这里的"注错"，相当于举措、举止。把人的举止与民情风俗连在一起考察，其意何在？

王恩洋像

王恩洋，欧阳竟无大师的入室弟子，近代著名唯识学家，教授，精通法相唯识。著有《摄大乘论疏》《唯识通论》《心经通释》《佛学通论》等。他认为荀学"其辩驳亦多对孟子而发"（《王恩洋先生论著集》）。

荀子：习俗对一个人的发展影响至深至大。在我看来，习俗不是铁板一块的，它是一个复合体，其中会有好的，也会有不好的，也就是说，有反映人性恶的，也有反映人性善的，你的注错（举止）能胡乱跑吗？显然不能。"古者有姑布子卿，今之世，梁有唐举，相人之状、颜色而知其吉凶、妖祥，世俗称之。"（《荀子·非相》）那种相人术被"世俗称之"，说明它已化为民之习俗了，你跟着这种习俗走，不就大上其当了吗？结果不只不能"化性"，相反还会"顺性"呢！所以我在谈到习俗时，要求人们"谨注错，慎习俗""注错习俗"，在这上面，可得小心谨慎啊！

赵佶像

赵佶，即宋徽宗。张择端完成画卷《清明上河图》，首先呈献宋徽宗。宋徽宗因此成为此画的第一位收藏者。他极重"习俗"，崇奉道教，多次下诏搜访道书，设立经局，整理校勘道籍，政和年间编成的《政和万寿道藏》是中国第一部全部刊行的《道藏》。又下令编写"道史"和"仙史"。宋徽宗还亲自作《御注道德经》《御注冲虚至德真经》和《南华真经逍遥游指归》等书。自绘画像《听琴图》，藏故宫博物院。

"化性起伪"过程中,您还十分强调一个"积"字,这一点与春秋时期的大思想家老子有异曲同工之妙。您写道:"故积土以为山,积水以为海,旦暮积谓之岁,至高谓之天,至下谓之地,宇中六指谓之极,涂之人百姓,积善而全尽谓之圣人,彼求之而后得,为之而后成,积之而后高,尽之而后圣。故圣人也者,人之所积也。人积耨耕而为农夫,积斫削而为工匠,积反货而为商贾,积礼义而为君子……是非天性也,积靡使然也。"(《荀子·儒效》)在短短一百余字的文稿中,您连用了十一个"积"字。您那样地重视一个"积"字,目的何在呢?

荀子:意思是很清楚的,为的就是要告诉大家,化性起伪不是一天两天所能成功的,要靠年年月月的积累。所谓"工匠之子莫不继事,而都国之民安习其服。居楚而楚,居越而越,居夏而夏",是用形象的比喻说明"积"可能不是一个人的生命流程所能完成的,它要求一代一代地积下去,甚至世世代代地积下去。《说文》讲得很明白:"积,聚也。"我在讲"积"时,常常以"隆积""大积靡"形容之。"隆积"者,认真地积,隆重地积也。"大积靡"者,花大力气不断地积累也。

老子像

《说文解字》书影

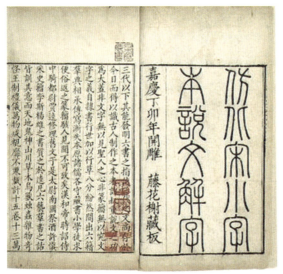

与"积"联系得十分紧密的，就是提倡在"积"的过程中要"并一而不二"了。您说："并一而不二，所以成积也。习俗移志，安久移质，并一而不二，则通于神明，参于天地矣。"（《荀子·儒效》）在这里，您在提倡怎样一种精神呢？

傅山像

傅山，明末清初思想家。明亡为道士，隐居土室养母。康熙诏举鸿博，屡辞不得免，至京，称老病，不试而归。傅山对先秦诸子之学无所不通，著有《霜红龛集》等。他著文说："《荀子》三十二篇，不全儒家者言，而习称为儒者，不细读其书也。有儒之一端焉，是其辞之复而啴者也。但其精挚处则即与儒远，而近于法家，近于刑名家，非墨而又有近于墨家者言。"此说正道出荀学"博采诸家、兼收并蓄"之特点。

荀子： 这里提倡的是一种专心致志、矢志不二的精神。"一"，指的是专一，朝着一个方向不断地迅跑，不懈地努力。"并一"，集中精力，把所有的力量并合为一，去实现自己的目标的意思。"二"，指的是不专一，三心二意，时断时续，时高时低。我在这段文字中讲了两点：其一，"并一"才能"成积"，才能真正达到"化性起伪"的目的。其二，"并一"到一定的火候，就会使自己处于一种最高的智慧（即所谓"通于神明"）状态，有如神助般的"参于天地"。正是从这个意义上说，"圣人也者，人之所积也"。

《霜红龛集》书影

傅山对宋明理学作了深刻批判，认为理学家奉为万世不移的"四书""五经"只不过是"一代之王制"，并"非千古之道统"（《霜红龛集》卷三十六）。他对于贬低荀学的议论作了梳理后，指出荀学优于他学，认为荀子的"积"在于"专注"，其"性恶论"更是"立义甚高"。为清初推崇荀学第一人。

由"隆积",由"并一而不二",您进而推出了一个尽人皆知的大命题:"涂之人可以为禹"。禹是中国古代的大圣人,您说道路上行进着的每一个普通人都可以成为大圣人,目的何在呢?

夏禹像

荀子: 我明白地说了吧,我是在借此命题,提倡一种毕生学习、人人学习的社会风气。操事要专心,不能像卫灵公问阵那样"心不在焉"。我说了:"今使涂之人伏术为学,专心一志,思索孰察,加日县久,积善而不息,则通于神明,参于天地矣。"(《荀子·性恶》)"伏术为学",首先要信服我的学术思想(所谓"伏术"),然后信而学,学而专,专而思,思而索,"积善而不息",就能成圣了。这种学而为圣的观念在中国历史上应当说是起了积极作用的。

灵公问阵(选自明彩绘绢本《圣迹之图》)

鲁哀公二年(公元前493年),孔子自陈国返回卫国,卫灵公向孔子询问军阵。孔子答:我没有学过军事。次日,卫灵公又问政孔子,其间不时抬头看天上的飞雁。孔子见卫灵公"心不在焉",知道卫灵公心思不在自己身上,便离开卫国回到陈国。事见《史记·孔子世家》《论语·卫灵公》。

有学者认为，您和孟子在人性问题上虽说是较足了劲，有时还争得面红耳赤，可在通过修养人人皆可成为圣人这点上，还是完全一致的。您觉得是不是这样？

禹帝像

　　禹，姒姓夏后氏，名文命，号禹，后世尊称"大禹"，是黄帝轩辕氏玄孙。

荀子: 在每个人通过修养都可以成为圣人这点上，我与孟子的确有共通之处。但也应指出，我们在通往成圣的路上还是很不相同的。孟子是从他的性善论出发，认为人先天皆有仁、义、礼、智之心，只要存养这些善端，或一时失却了马上又懂得"收放心"，就可以成为像尧、舜这样的圣人。而我不同。我是从性恶论出发，认为人皆有好利、疾恶、好声色、好耳目之欲之心，只有通过后天的努力，"化性起伪"，才能成为像禹这样的圣人。当然，说我俩是殊途而同归也是可以的。

尧帝像

　　尧，姓伊祁，名放勋，史称唐尧。

舜帝像

　　舜，历来与尧并称，为传说中的圣王。舜又称虞舜。

荀子雕像

第四章

隆礼尚法

　　荀子作为孔子的学生，既有对老师的心悦诚服的继承，又有大胆的发挥和突破。孔子罕言性，在人性上颇为模棱两可，说什么"性相近，习相远"。而荀子鲜明地提出了性恶论。孔子在谈论修养的时候，很少把礼义之类与人性挂起钩来，而荀子则把礼义看成是"化性"的不二法宝。孔子大讲其"非礼勿视，非礼勿听，非礼勿言"，而这里说的礼又往往拘泥于夏礼、商礼、周礼，追求礼的正宗纯正，而荀子要通脱得多，号称："礼者，养也。"只要能有用于"贵贱有等，长幼有差，贫富轻重皆有称"的，都可定之为礼。一部《论语》，基本上没讲什么法，而荀子大胆地把法度的概念引进到自己的思想体系之中，使"隆礼"与"崇法"并重，使这成为修身治国不可或缺的两翼。

如果说前面的"天人相分""化性起伪"两章，较多地涉及荀学的思想路线的话，那么本章"隆礼尚法"则直接关乎修身治国的方法了，实际上也触及了一个学术派别的理论核心。同是儒家学派，儒家的创始人孔子，和差不多两个世纪后的两位公认的杰出理论继承者孟子和荀子，在理论框架方面，在理论强调的侧重方面，还是有很大差异的。在这里，您给我们作一点简单的比较，可以吗？

荀子： 我和孟子都是孔子传下的一脉相承的儒家后学，讲求积极进取，讲求志向，讲求献身社会，讲求修身齐家治国平天下，讲求仁义礼智信。这是孔子要求于他的学生，也要求于后学的，我们当然要遵循。但是，我们的理论框架，理论侧重面，又个个不同。孔子是以仁为核心铺展他的学说的。"樊迟问仁，子曰：爱人。"（《论语·颜渊》）"仁以为己任。"（《论语·泰伯》）"人而不仁，如礼何？人而不仁，如乐何？"（《论语·八佾》）环绕着做仁人和爱他人，孔子形成了他博大精深的理论体系。人们把孔学称为仁学不是没有道理的。孟

至圣遗像（元代山西）

子被不少人视为孔学的正宗，原因之一是他也大谈其仁。"仁也者，人也。"（《孟子·尽心下》）"仁者爱人。"（《孟子·离娄下》）这是照抄孔子的，同时，在"仁"这面儒学大旗下，他还大谈其礼义。"夫义，路也。礼，门也。惟君子能由是路，出入是门也。"（《孟子·万章下》）孟子谈礼义比谈仁更起劲。而我荀况呢？在谈仁上，比孟子更淡化，而着力于"隆礼尚法"。隆礼，是包括了隆礼义的。有学者作过统计，在《荀子》一书中，礼义并提的有一百多次，而仁义并提的只有二十多次。"隆礼贵义者，其国治；简礼贱义者，其国乱。"（《荀子·议兵》）同时，我还常常礼法并提，"礼者，法之大分，类之纲纪也，故学至于礼而至矣。"（《荀子·劝学》）在这里"法"这个儒学中的新概念融入了"礼"之中，这也可说是对儒学的一个突破性发展吧！

孔子是以知礼闻名于世的，他说过："不学礼，无以立。"（《论语·季氏》）在他老人家看来，如果不学好礼的话，连立身处世都是困难的。您的隆礼，与孔学有些什么联系？

张载像

张载，北宋哲学家，理学创始人之一，程颢、程颐的表叔，理学支脉"关学"创始人。有学者认为，张载不只以易为宗、以孔孟为法、以礼为体，还是以《四书》为宗、中庸为法、经世致用（实学）为体。但"易道法中天人合一"之说是其主要思想，也正是荀学的重要组成部分。画像藏台北故宫博物院。

荀子：应该说是有联系的，也就是说，我的隆礼之说，一定意义上说是脱胎于孔学的。孔子主张"约之以礼"（《论语·雍也》），也就是用礼来约束自己。我认为："礼也者，理之不可易者也。"（《荀子·乐论》）从中可以看到以礼自约的影子。孔子主张："礼之用，和为贵。"（《论语·学而》）而我企望出现"礼之中流"（《荀子·礼论》）的和谐局面，这也明显是出自孔子的礼学观。孔子主张"祭神如神在"，充斥着对礼的诚信，而我认为："著诚去伪，礼之经也。"（《荀子·乐论》）直接点出了一个"诚"字。孔子对我的礼论还是有不小的影响的。对此，在《荀子·宥坐》中有较为充分的表述。

《荀子·宥坐》书影（左）
《荀子·乐论》书影（右）

　　但是，似乎应该承认，您的礼论与孔老夫子的礼论还是有很大差别的。孔子的礼论可以用一个"古"字来形容。他动不动就是三代之礼。他说："夏礼，吾能言之，杞不足征也。殷礼，吾能言之，宋不足征也。文献不足故也。足，则吾能征之矣。"（《论语·八佾》）孔子一生跑来跑去，包括周游列国，都是在"追迹三代之礼"（《史记·孔子世家》），而您呢？您认同孔子的这种礼论观吗？

　　荀子：我并不认同孔子的这种复古主义的礼论。我的礼论恰巧与孔子以"古"为特征的礼论相反，可以用一个"今"字来加以概括。这与我的"法后王"的社会观是有关的。"天地始者，今日是也；百王之道，后王是也。"（《荀子·不苟》）"欲观圣王之迹，则于其灿灿然者，后王是也。"（《荀子·非相》）"百家之说，不及后王，则不听也。"（《荀子·儒效》）我的结论是："欲观千岁，则数今日。"（《荀子·非相》）我相信，在礼上，必然是一代胜似一代，当今胜过古代。正所谓："青，取之于蓝而青于蓝；冰，水为之而寒于水。"（《荀子·劝学》）问题只在于我们去总结罢了。

《史记》书影

《宋人伐木》
选自明彩绘绢本《圣迹之图》

　　图说孔子去曹国路经宋国，在大树底下给弟子讲课。宋国司马桓魋想加害孔子，令属下伐掉大树。弟子们劝孔子赶快离开，孔子说："上天把德行赋予我，桓魋能把我怎么样呢？"事见《史记·孔子世家》。孔子、荀子有诸多共通之处，荀子也是长途跋涉，不倦出行。有学者说，读了《宋人伐木》图，让人想到荀子出行的更多艰辛。

孔子是竭力主张"齐之以礼"（《论语·为政》）的，认为礼可以整齐人们的思想和步伐，这样就可以形成社会的和谐局面了。而读您的著作，您对这问题的看法似乎与孔子很不同。您说："先王恶其乱也，故制礼义以分之，以养人之欲，给人之求。"（《荀子·礼论》）孔子是以礼来整齐、来合一，而您是以礼来"分之"，不是很不相同吗？

荀子: 的确很不相同。孔子是理想主义者，他想用礼这个武器一下把人们的思想行为规范得齐一化了。可能吗？不太可能。而我是现实主义者，我面向的是现世。现世的人们"生而有欲，欲而不得，则不能无求，求而无度量分界，则不能不争。争则乱，乱则穷"。你下个命令，要他们无欲、无求、无争，行不行呢？在我看来是不行的，唯一可行的办法是因势利导。我主张"制礼义以分之"，目的就是"以养人之欲，给人以求"（《荀子·礼论》）。我在兰陵时就是这样。在我看来，这才是真正的行之有效的治世良方。

《荀学论稿》《荀子评传》书影

郭志坤在《荀学论稿》《荀子评传》等著述中认为，荀子主张因势利导，"制礼义以分之"，而孔子主张以礼整齐人们的思想，即谓"齐之以礼"。一为"齐"，一为"分"，此为孔、荀礼论之不同。

在您的学说体系中，一再强调了一个"分"字。在天人论中，您提出了"天人相分"说，在性恶论中，您提出了"性伪相分"说，在道德论中，您又提出了"礼义以分之"说。这第三个"分"，与前面两个"分"的关系怎样？

荀子： 应该说，我的用语是有分寸的。南宋叶适就说我用词"皆切物理"。道德论中的这个"分"字，是前面两个"分"字的衍生物。有了前面两个"分"，就必然有第三个"分"。第一个"分"讲的是人与自然的关系。人从自然中走来，人与自然有着永远的不解之缘，这是它们关系的一个方面。同时，人与自然又是有区别的，他区别于一般的物，区别于植物。区别其他动物，这就是"分"。第二个"分"比前面的小一圈，是讲人的自然属性与社会属性、先天之性与后天之伪之"分"。第三个"分"就更小更具体了，具体到礼义所起的作用了。在我看来，所谓礼和义，无非是把人分成实际早已存在着的种种等级罢了。各等级的人，都该有适合于自己的礼。

叶适雕像

叶适，字正则，南宋著名思想家、文学家、政论家。他所代表的永嘉事功学派，与当时朱熹的道学派、陆九渊的心学派，并列为南宋三大学派，对后世影响深远。他在人们大批荀子的"性恶"论时，敢于站出来反驳说："孟子性善，荀卿性恶，皆切物理，皆关世教，未易轻重也。"（《习学纪言》）

叶适墓

这就使我们有点糊涂了。我们记得,在您的学说中,十分强调人的群体性,还说:"人能群,彼不能群。"(《荀子·王制》)既然人与动物的最大差别在于"能群",您在这里又怎么说礼义是为了"分"呢? 这不是自相矛盾了吗?

扬雄像

扬雄,西汉末学者,他力主清除汉儒消极的庸俗之学,使儒学朴质理性之光重放异彩。认为荀学自有相悖之论,但承认荀子是孔门中人,只是各立门户了。《法言·君子》记载:有人问荀子《非十二子》,对诸子多加批驳,其他诸家都实有可非之处,至于非议子思、孟子,就太过分了。扬雄说:"吾于孙卿与,见同门而异户也。"按照扬雄的评论,孟子言论不异于孔子,是孔子学说的忠实继承者,至于荀子,虽在儒门,却已自成一家了。

《晦庵先生朱文公文集》(元刻本)书影

该书是朱熹诗文集的福建刻本。朱熹是宋代理学集大成者,曾普注儒家经典,他认为"荀卿(荀子)全是申、韩(法家)","只一句'性恶',大本已失"。

荀子: 在理论上是没有矛盾的,问题是你还没有把我的"能群"说真正弄懂。对人来说,自身最大的一个概念是"类"。"物各有其类也。"(《荀子·劝学》)"有知之属莫不爱其类。"(《荀子·礼论》)爱人类,这是人的最博大的感情。而类又是以群组成的。没有群,也就无所谓类。"人生不能无群。"(《荀子·王制》)人的体力、精力都难以与自然界的巨兽匹敌,只有"能群",才能自立于百兽之中。而这种群,又是分成各种各样的,绝不可能划一化,这就是说,群中必有"分"。"人何以能群? 曰:分。分何以能行? 曰义。故义以分则和,和则一,一则多力,多力则强,强则胜物。"(《荀子·王制》)这里有着群与分、分与和之间的辩证关系,得仔细想想才能弄懂。

《荀子·王制》书影

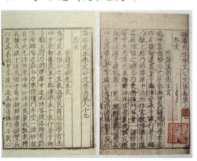

在您的心目中，"制礼义以分之"的"分"该是怎样一种情状呢？具体地说，社会将会分成怎样一些群体呢？

荀子：我把这种"分"，又名之为"别"。"分"的过程也就是区别的过程。孔子教人，各因其材。我说过："故礼者，养也。君子既得其养，以内好其别。曷谓别？贵贱有等，长幼有差，贫富轻重皆有称者也。"（《荀子·礼论》）这就很清楚告诉人们了，社会上既然存在着贵贱、长幼、贫富的等级，那么我们为何不去承认它呢？承认这种"分"，并通过礼义来"养"（即教养）他们。《论语》就有许多因材施教的案例，如此针对不同的人进行教育，更有成效。"礼也者，贵者敬之，老者孝焉，长者弟焉，幼者慈焉，贱者惠焉"（《荀子·大略》），使大家都安分守己。我在《荀子·荣辱》篇讲了光荣与耻辱问题，如果人人懂得并践行我所说的"先义而后利者荣，先利而后义者辱"的道理，社会不就太平了吗？

《荀子·荣辱》书影

郑樵像

郑樵，宋代史学家、目录学家。郑樵著述80余种，今留传的有《夹漈遗稿》《尔雅注》《诗辨妄》《六经奥论》和《通志》等。后人说，郑樵花费三十年之功编撰《通志》，有赖于荀子《劝学》篇中的勉励。

《开成石经》之《论语·述而》《论语·先进》《论语·阳货》

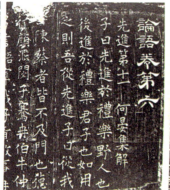

您的确想象得很完美，似乎人人都按您的礼数去做，就可以万事大吉了。但是，天下事有那么简单吗？回过头来看，您觉得您设计的那一套行得通吗？

严复像

严复，清末很有影响的启蒙思想家、翻译家和教育家，是中国近代史上向西方国家寻找真理的"先进的中国人"之一。他高度赞颂荀学，认为荀子高于孟子，说："孟子为传微言之学者，而荀子为传大义之学者，无疑，荀子高于孟子。"

荀子： 我的那一套，可能比闭着眼睛不承认社会上存在着等级差异的要好些。我至少看到了人的群体之"分"，并力求取得一个妥善的解决。回过头来看，当然也是行不通的。实践是最权威的评判师，一切都要服从实践的检验。在当时，我也似乎已经感觉到了这一点，我说过："礼者，人之所履也。失所履，必颠蹶陷溺。所失微而其为乱大者，礼也。"（《荀子·大略》）从这段话看，我对我的"礼"论中说的那些是否真正能履行，是心怀忧虑的。如果"失之履"，也就是行不通的话，那还是会有大的社会危机出现的。我忧得并非一点道理都没有。不管怎样，我总比孟轲他们要合理，后世严复就作过"荀子高于孟子"的评说。

严复故居

73

为了使您强调的"礼"更有实际的生命力，在"礼"中，您特意融入了"乐"文化，形成了名副其实的在中国传之数千年的礼乐文化。孔子是最有名的礼学大师，认为仁人就应该"非礼勿视，非礼勿听，非礼勿言，非礼勿动"（《论语·颜渊》），同时又是位乐学大师，"在齐闻韶乐，三月不知肉味"的故事就是一个明证。缺乏乐文化修养是孟子的一大缺陷，而您在乐修养上与孔子完全是一脉相承的，是不是？

荀子： 在形成礼乐文化过程中，我一面是批判，一面又是继承。批判的是《墨子·非乐》篇。墨子认为"乐者，圣王之所非也"，而我针锋相对地说："乐可以善民心，其感人深，其移风易俗，故先王导之以礼乐而民和睦"。一面又是继承，继承的是孔子开创的礼乐一体的文化精神。"故乐者，治人之盛者也。"（《荀子·乐论》）治理乱世，要依靠乐；创造治世，亦要依靠乐，这些都是孔子的思想。

孔子像

《在齐闻韶》（选自明彩绘绢本《圣迹之图》）

图说孔子于公元前516年到齐国，向主管音乐的太师学习音乐。当他听了传说中的韶乐后，沉醉其中，竟然三月不知肉味。

在您的诸多论述中,我们感受到,您是把礼乐看成是一种互为补充的整体。没有礼的内涵和支撑,乐会走入邪道,流为淫声淫乐;而如果没有乐的疏导,礼就失去了它应有的亲和力。两者谁也离不开谁,是不是这样?

汪中像

清代学者汪中将前人有关荀子事迹考订的成果作了详细分析之后写成了《荀卿子通论》,他高度评价说:"荀卿之学,出于孔氏,而尤有功于诸经。"(《荀卿子通论》)还说:"盖自七十子之徒既殁,汉诸儒未兴,中更战国暴秦之乱,六艺之传,赖以不绝者,荀卿也。周公作之,孔子述之,荀卿传之,其揆一也。"汪中把儒家经典的传授都归功于荀子,还把荀子和周公、孔子并列。

荀子: 是这样的。我把礼乐不可分割的紧密关系归结为这样一句话:"乐合同,礼别异,礼乐之统,管乎人心矣。"(《荀子·乐论》)制礼作乐的目的,都是为了"管乎人心",用后世人的语言来说就是思想教育。附带说一句,后世有些演艺圈中人大呼小叫什么"我是为艺术而艺术","我的演艺纯粹是为了给大家带来乐趣",难道世间真有不受"人心"管着的乐吗?我是坚定地主张礼乐的目的都是进行思想教育的。但是,教育的方式和方法是不甚相同的。"礼别异",不同类别的人,会有不同的礼;"乐合同",乐满足着人情的共同喜好。这样一互补,就相得益彰了。

曾侯乙墓编钟

礼义并提，是您和孟夫子的共同点。但是，你们之间在处置礼义的关系上，又存在着很大的差异。孟子是礼义并提，而强调的是义，可以说是以义帅礼。"夫义，路也。礼，门也。"(《孟子·万章下》)一个人走出门只是走人生之路的第一步，更重要的是走好后面的漫漫长途。"大人者，言不必信，行不必果，惟义所在。"(《孟子·离娄下》)把义看得比什么都重要，最后归结为"舍生取义"(《孟子·告子上》)的思想。而您就很不相同，强调的是礼义一体，如果两者相较的话，那一定是礼更重要。在这方面我们不是很清楚，请您自己给大家说说，行吗？

荀子：我视礼义为一体，那是肯定的。我说："礼也者，理之不可易者也。"(《荀子·乐论》)这里是说，礼是理。我又说："义，理也，故行。"(《荀子·大略》)这里又说，义是理。礼是理，义也是理，不是等同了吗？不要着急，我这里说的是它们之间有相通处，相通在何处？在"理"上，在为人处世的准则上。可是，虽说同是"理"，此"理"又不尽等同于他"理"。礼之理，是"不可易"之理，带有根本性质；义之理，是一般之理。礼之理，管乎人心；而义之理，重在行为。人的行为是受人的思想(人心)主宰着的。这就明白了，我的礼义并提的重心在于礼，是与孟子截然不同的。马积高先生在《荀学源流》中说"荀学义在礼中，同时，礼亦在义中"，这一提法是可以的。

王先谦像

王先谦，清末学者，有史学家、经学家、训诂学家、实业家等称号。著有《荀子集解》《庄子集解》等。他认为荀子"礼义一体，秉承儒家"，还说："四库全书提要，首列荀子儒家。"

《四库全书总目提要》书影

《荀子·大略》书影

读您的《大略》篇，真使人大开眼界。您对儒家文化中的仁、义、礼、乐文化逐一作了解释，最后得出的结论是："仁、义、礼、乐，其致一也。"其意是说，就四者的宗旨而言，是一回事，请问：您的这一高论，是怎么得出的呢？

荀子： 你们说《大略》中那一大段话，是对仁、义、礼、乐文化的解释，我以为，更精确地说，是对儒家文化的重新解读。其要旨在于一个"新"字。这"新"表现在对儒家经典词义的"新"的释义上。就拿"仁"来说吧，孔孟所谓的"仁"，出发点是"亲亲"，也就在以亲为亲，当然还有推恩及他人的"爱人"。而归结点还是"亲亲"。而我荀况的视野要广阔得多，"亲亲、故故、庸庸、劳劳，仁之杀也。"（《荀子·大略》）意思是说，亲近父母、友爱朋友、论功行赏（庸者，功也）、按劳取酬（劳者，劳动也），如果说亲亲和故故是儒家的原义的话，那庸庸、劳劳绝对是一种创新了。再如，礼的解读，我说："水行者表深，使人毋陷；治民者表乱，使人无失，礼者，其表也，先王以礼表天下之乱。"意思说，深水中要有标出水深的标志，使人不致淹入深水而淹死；治理国家先要标出治乱的界限，使别人不致失误而犯错误。礼就是治与乱的界限与标志。把礼看成是治乱的标尺，这也是一种新论。中国后来成为礼仪之邦，与"礼为标志"论是有关的吧！

荀子论水（石碑）

我们读了《大略》后，感到您对儒学的创新似乎还可以加一条，那就是把儒学中最重要的一些概念融为一体了。这一体，不是简简单单的拼合，而是一种水乳交融，这就是"其致一也"的真谛，可以这样说吗？

荀子: 真是这样的。明代归有光说我"荀卿独能明仲尼之道，与孟子并驰"(《震川先生集》卷一)，确实如此。儒学本身是一个整体，"其指一也"那也是情理中的事。一些学者把种种概念作不同的、毫无联系的解释，那是作解者水准低劣的反映。我提出的"其指一也"，只是回复儒学的原貌而已。"君子处仁以义，然后仁也；行义以礼，然后义也；制礼反本成末，然后礼也。三者皆通，然后道也。"(《荀子·大略》)在我看来，仁也罢，义也罢，礼也罢，乐也罢，四者是"皆通"的。"皆通"在何处？就在"道"上。"道"，就是道理，就是人们毕生行走着的大道。"心小而道大。"(《荀子·不苟》)不是说仁、义、礼、乐都本于人心吗？而人心比之大道来又还是小的。"君子务修其内而让之于外，务积德于身而处之以遵道。"(《荀子·儒效》)这可以说是我送给世人的两个"务必"：其一是务必要把内心的修养与外在的表征关系处理好，其二是务必要把积德与遵道的关系处理好。有了这两个"务必"，我们就可以立于不败之地了。

归有光像

归有光，明代官员、散文家，别号震川，是"唐宋八大家"与清代"桐城派"之间的桥梁，被称为"唐宋派"。有《震川集》等。他对理学家"尊孟抑荀"的思潮极为不满，在《荀子叙录》说："当战国时，诸子纷纷著书，惑乱天下，荀卿独能明仲尼之道，与孟子并驰。……迨宋儒颇加诋黜，今世遂不复知有荀氏矣。悲夫！学者之于古人之书，能不惑于流俗而求自得于心者，盖少也。"(《震川先生集》卷一)

《震川先生集》书影

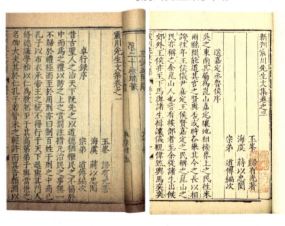

《荀子·法行》书影

其实，上面说的都属于隆礼的范畴，而您除了隆礼之外，还谈到了尚法。我们很想知道，您推崇"法"的历史背景是什么呢？

荀子：说实话，儒家是不太谈法的。在孔子、孟子的文献资料中，都没有专门论述法的篇章，也很少涉及法。而我就不同，不只在《成相》《强国》《王霸》《君道》《王制》等篇章中论及了法，而且还有《法行》的专篇。可见，法也在我的理论体系中占有了一席之地。

你们想知道我作为一个儒家人物而推崇法的背景吗？我可以说一说。应当说，我生活的那个时代，正是法制在中华大地上勃兴之时。公元前513年，晋国铸造了刑鼎，把范宣子所作的刑书铸在鼎上公之于世。这时，各国的统治者也纷纷实施变法。李悝在魏国实行变法，写成了我国第一部系统化的法经，重在打击盗贼。后来，与我并世的大变革家卫鞅在秦变法的依据就是这部法经，同时既称法，又称律，形成了法律的完整概念。再后来秦国就有了秦律，律文不只针对盗贼，还涉及对犯法、失职、贪污的官吏的惩处问题，涉及对失职的狱吏的处分问题。正是在这种背景下，我才站在儒家的立场上开始考虑法度这个问题的。

刑鼎

郑简公三十年（公元前536）三月，子产铸青铜大鼎，将国家法律条文铸在鼎上，置于城中繁华之处，昭告于天下，增加法律威信，这是中国政治史、法制史上的一件大事。

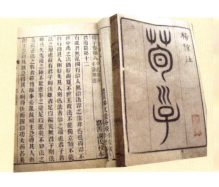

大家都承认您是中国历史上最伟大的礼学大师，为了治理好国家，您既提出了隆礼，又提出了崇法，两者之间的关系究竟怎样呢？请您作出解答。两者是平行的呢，还是一者受另一者统辖呢？

荀子： 我在这里引两句话：第一句是："隆礼至法则国有常。"（《荀子·君道》）意思是：国家的安定（即"国有常"）靠什么呢？一是要靠对礼的重视，二是要靠法的健全。第二句话是："《礼》者，法之大分，类之纲纪也，故学至于礼而止矣。"（《荀子·劝学》）意思是：《礼记》一书，它是确立法律的总则，是各种条例的纲要，所以，学习者一定要通晓《礼记》。这两段文字把隆礼和尚法的关系明白无误地告诉了我们。从重要性角度讲，礼和法都重要，"国有常"靠的就是这两条。而从基本内容上讲，法又是归属于礼的。在我的荀学的词典里，法是礼的一支。在我看来，只有一门学问，那就是礼学，而礼学中的重要内容就是法学。因为法在礼学中的地位实在太崇高了，因崇高又常常把它单列出来，并与礼并提。

《荀子·君道》书影

《礼记》及《礼记训纂》书影

在《荀子》一书中，法这个观念似乎有一个发展过程。可能在您早期的作品中"法"只是效法、方法的意思，后来才形成了文本意义上的法律条文。我们只是猜测，不知是不是这样？

朱熹像

朱熹，南宋著名的理学家、思想家、哲学家、教育家、诗人、闽学派的代表人物，尊称"朱子"，是孔子、孟子以来最杰出的弘扬儒学的大师。他把荀子当作法家来攻击，说："荀卿全是申、韩，观《成相》一篇可见，其要归于明法制、执赏罚而已。"（《朱子语类辑略》卷八）

荀子：的确是这样的。这也成为朱熹等人把我视作法家来攻击的原因，说我"全是申韩"一套。《荀子》第三十《法行》篇中所说的"法"，就只是效法的意思。"礼者，众人法而不知，圣人法而知之。"礼这个东西，普通人能效法它，但不能清楚地弄懂它的内涵，而圣人则不只能效法，也能明白它的道理。比效法具体一点的是指治国的方法。"道王者之法，与王者之人为之，则亦王。"（《荀子·王霸》）意思是：奉行王者的治国方法，任用王者这类人去实施，就能够称王天下了。这里"王者之法"，指的是王者治国的方法，可能包括某些法律条文，但一定还包括其他。再后来，当我说到"法后王"的时候，这里所说的"法"，大致是指法律条文了。我说："王者之制：道不过三代，法不贰后王。"（《荀子·王制》）其意是说：王者的制度，治国的原则不超过夏、商、周三代，具体法度不违背当代帝王。

夏、商、周三鼎

上面说的这些，对我们了解您的法律思想很重要。您提出了刑法类推原则，这一原则具体是怎么实施的呢？

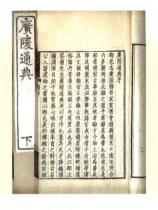

《广陵通典》书影

荀子： 在当时条件下，法律总体上是很不完备的。有些方面是有法律条款了，但有的还没有。有的是有了，但不细。怎么办呢？我就提出了刑法类推原则。"有法者以法行，无法者以类举。以其本知其末，以其左知其右，凡百事异理而相守也。"（《荀子·大略》）这一原则的具体实施方法是：在执法过程中，有法律明文规定的，按明文规定办。如果没有明文规定的，就根据同类事件的处理方法去类推。这是一种在法制还不完备的境况下的权宜之计。有弊也有利，那就完全要看执法者的水平以及他的道德水准了。

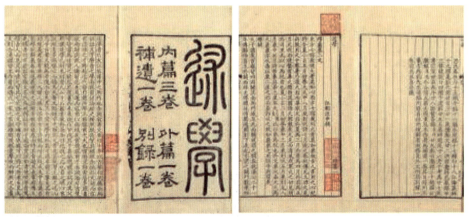

《述学》书影

汪中在《述学》一书中认为荀学的"类举之说有深义"，还说"荀卿之学出于孔氏，而尤有功于诸经"，称"孔荀"而不称"孔孟"，以异于宋儒"道统"说。因其为墨子、荀子翻案，在当时曾被统治者视为"名教之罪人"。所著有《广陵通典》《述学》内外篇等。

在中国古代社会中，要么只强调礼治，致使整个社会无法可循，要么严刑峻法，甚至走株连无辜的暴政之路。历史上，株连三族（父族、妻族、己族）者有之，株连九族（三族的三族）者有之，还有人发明了株连十族（九族外还加上学生一族）。请问：您对株连无辜的严刑持何态度呢？

《焚书》书影

明代思想家李贽认为李斯协助秦始皇焚书坑儒，是他自己的责任，不能株连荀子，他说："宋儒谓（荀）卿之学不醇，故一传于李斯，即有焚书坑儒之祸。夫弟子为恶而罪及师，有是理乎！"（《焚书》卷五）

荀子: 我当然持坚决反对的态度。像明代李贽也反对株连，包括对我的株连。据我所知，族诛之法，由来已久，早在公元前八世纪的秦文公时期已开始。"一人得罪，三族受戮。"后来，与我同时代的"商鞅用连坐之法，造三夷之族"（《汉书·刑法志》）。其他一些国家也相起尤效，以为那样可以巩固统治。我是不这样认为的。"一人有罪而三族皆夷，虽欲无乱，得乎哉？"（《荀子·君道》）这样做，只能造成乱世，只能引起社会的动乱，于治国一点帮助都不会有的。

《汉书》书影

您有一个重要的思想，就是："刑人之本，禁暴恶恶，且征(同"惩")其未也。"(《荀子·正论》)就是最高明的刑法执行者，不在于"严罚繁刑"，而在于"惩其未"，也就是告诫在先，在未产生刑事案件之前，做好一系列防范工作。这种说法当然是很高明的。但是，您想过没有，怎样才能"惩其未"呢？

荀子： 我一再考虑了，人为何会犯罪呢？有一些人当然是明知故犯。但这样的人我以为是少数，大多数的人是不了解法。"民迷惑而陷祸患，此刑法之所以繁也。"(《荀子·大略》)如果法在您的脑际一片"迷惑"，若明若暗，那怎么能保证你不莫名其妙地触犯了法律呢？因此，最好的办法是把法律交给百姓。"百姓晓然皆知，为不善于幽而蒙刑于显也。"(《荀子·王制》)意思是：要让百姓懂得，在暗地里作了坏事(即"不善于幽")，最后的结果只能是在大庭广众之下接受法律的制裁(即"蒙刑于显")。百姓平时学了法，又懂得了这个道理，那么对绝大多数人来说就不会故意去触犯法规了。"有师法者，人之大宝也。"(《荀子·儒效》)有老师教你法，你又肯认真学，这可是人生最可宝贵的啊！

刘蔚华像

刘蔚华，著名史学家，著有《中国儒家学术思想史》《齐国学术思想史》《稷下学史》《孔子》《孟子》《荀子》等。他认为，荀子的法治思想贵在"惩其未"，即告诫在先，在于防范，实为高明。

子产像及子产祠园

子产，春秋时期郑国(今河南新郑)人，著名的政治家和思想家。他是第一个将刑法公布于众的人，曾铸刑书于鼎，史称"铸刑书"，是法家的先驱者。

您在稷下学宫时，是当"最为老师"的。您是博学者，名声很大，也很有学养和造诣，请问，您在教学中，是否将法度像礼制一样列入教学的课程呢？

范文澜像

范文澜，著名历史学家，在《中国思想通史》中说，荀子是中国古代思想的综合者，对诸子批判往往是恰当的。因为没有批判就不能综合，没有批判也就没有发展。他认为"荀子识力超拔，态度谨严，足以负担这一总的批判的任务"。

荀子: 那是当然的。不少人认为，从我的思想体系看，是刺取诸说的。我对于法度的学习特别强调，不教学法怎么可能呢？你们肯定读过这样一段文字："国将兴，必贵师而重傅。贵师而重傅，则法度存。国将衰，必贱师而轻傅。贱师而轻傅，则人于快，人于快则法度坏。"（《荀子·大略》）这里的"人于快"，指的是人轻快地放纵自己欲望。全句很清楚地告诉人们，我是十分重视法制教育的，它是与国的兴衰直接关联着的！我的法律教育成果别的不说，至少为历史贡献了两个伟大的法律学家，那就是韩非和李斯！

孔子见老子（汉代碑刻，山东嘉祥出土）

绘刻孔子躬身，手捧一物，面对画面右方的老子如行礼状。老子俯身拄一曲杖，似在鞠躬还礼。榜书"孔子""老子"于左右。汉代画像石中，以孔子见老子为题材的画面众多，足见孔老之会影响广大，也难怪荀子屡屡提及此事，并以此为执礼的榜样。

荀子像

第五章 富国裕民

　　荀子是一个有着强烈社会责任心的人,在他漫长的将近一个世纪的生涯中,虽然没有当过一天高官,可是,国泰民安、社会和谐安定一直是他关注的焦点。在他看来,法为治之"端",也就是治国安民要从崇法开始。无法无天,天下乱成一锅粥,那就什么事都办不成了。而"礼者,治辨之极也,强国之本也",就是说,治理国家的最高准则,强盛不衰的根本保证是"礼"。但是,单有这些就能万事大吉了吗? 不! 荀子想得很周全,百姓天天面临的最基本的问题是吃饭问题,穿衣问题,育儿养老问题,这就提出了另一个治国的要件:富国裕民问题。所谓"足国之道,节用裕民,而善臧(藏)其余",国家富强了,民众富裕了,百姓的家中有余粮余钱余物了,民心自然安定,社会自然和谐,这可是治国之基啊! 荀子宣讲的这些道理并不深奥,却值得人们永远记取。

在《荀子》一书中，围绕治国问题，您讲了三个方面：礼教、法治、裕民。这三个方面看来都是与处理好"人欲"问题，也就是"人性"问题紧相关连的。请您告诉我们，您十分重视的这三个方面，各在处理人欲问题上可做怎样的文章？

荀子：正如你们提问中说的，这可以说是一个问题的三个方面。一个问题指的就是治国问题，其要点就是正确对待和处置人欲问题。三个方面也可以说是三个不同的视角。通过三个不同的视角，把人欲问题这篇大文章做好。在对待人欲问题上，我不是去欲主义者，也不是纵欲主义者，而是一个"养"欲主义者。这是我在《礼论》篇中说的。我说的一切，都是为了"养人之欲，给人以求"。请注意，在当时条件下，作为一个儒者，要在自己的文稿中公然写上"养人之欲"四字，是要有很大的勇气、冒很大的风险的。后来有些卫道者说我有"小疵"，指的主要是这点吧！我以为，礼教、法治、裕民这三个方面，都是在做"养欲"那样一篇大文章。

陆九渊像

陆九渊，著名的理学家和教育家，与朱熹齐名，史称"朱陆"。在"人欲"方面有诸多论述，他倡导"三教会通"，吸收佛道的思想，以"道外无事"的本体论、"心即理"的心性观及"发明本心"的修养方法为纲要建立融通儒、释、道三教的心学体系，成为儒家主张"三教合一"的第一人。像载《三才图会》，明万历刻本。

《荀子》书影

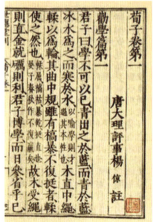
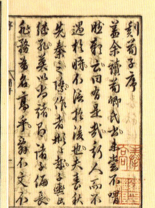

请您先把这"养欲"的"养"字讲清楚。一般地说,"养"也者,指的就是"给养",让人家有吃有穿的。这样解读"养"字,又似乎只与裕民有关,而与礼教、法治不怎么合得起来。请您明确告知我们,"养"作何解?

孟子像

荀子:"养"是一个内涵丰富的多义词,孟夫子不是有一句名言,叫做"吾善养浩然之气"吗? 这个"养"显然不是讲物质上的给养。我这里讲的"养欲"之"养",其基本含义有三:

一、"欲必有分"的素养。这是礼在欲问题上要做的文章。"制礼义以分之",礼不是要把所有的人合在一起,而是要作区分,给以一定的名分,取得相应的欲求。不越礼,也就是不越欲。你作为一介平民,我看就应该有平民的欲求。只追求平民的欲求,就是合礼也合理的做法。"贵贱有等,长幼有差,贫富轻重皆有称者也。"

二、"欲必有节"的修养。我明确把学法看作是一种人生的修养。这种修养的要旨就是节欲,也就是懂得节制自己的欲求。该争的欲就去争,不该争的欲怎么也不该去争。这就是说,法的终极标准还是礼。该与不该,以"礼义分之"。我把法的功能定位在"折暴禁悍"上,这里说的"暴"和"悍"都指的是

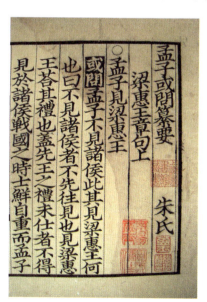

不知节欲者。我还说:"王者之法: 等赋、政事、财万物,所以养万民也。"(《荀子·王制》)这是另一意义上的"养"。

三、"欲必有物"的给养。哪一个人能脱离物质条件而空谈礼法? 谁都做不到。一定的物质给养是"养欲"的最基本条件。如果"老弱有失养之忧,而壮者有分争之祸"(《荀子·富国》),那不论对国家、对个人都是很危险的。

《孟子或问纂要》书影(宋刻本,现存上海图书馆)

我们知道礼、法、裕民三者在治国中都是必要的，缺一不可的，然而如果一定要您说说哪个最为重要的话，您的回答将是怎样的呢？

罗根泽像

罗根泽，著名古典文学研究专家，曾主编过《古史辨》，有《荀卿游历考》等论著，他认为荀子"节用裕民"是"足国之道，民生之道"。

荀子: 我的看法是：还是多讲些都必要，少讲些哪个最重要吧。最有意思的是，我对礼教、法治的定位都是治的开端。"礼义者，治之始也。"（《荀子·王制》）又说："法者，治之端也。"（《荀子·君道》）治之端就是治之始。我把两者等同起来，是想告诉人们，礼和法都不是我治国的终极目的，真正的目的还在于裕民，即让百姓过上殷实的好日子，裕民才带有根本的性质。这就是所谓"足国之道，节用裕民，而善臧其余"（《荀子·裕民》）。裕民既是足国之道，也是足民之道。这方面在《荀子·成相》篇借用"相"的称谓寄托了我的美政理想。

《荀子·成相》书影

《古史辨》书影（上海古籍出版社出版）

在《富国》篇中，有一段不长的文字，就把礼义、法制、裕民合在一起讲了。这段文字很有价值，值得一读："礼者，贵贱有等，长幼有差，贫富轻重皆有称者也。……德必称位，位必称禄，禄必称用。由士以上则必以礼乐节之，众庶百姓则必以法数制之。量地而立国，计利而畜民，度人力而授事。使民必胜事，事必出利，利足以生民。皆使衣食百用出入相掩，必时臧余，谓之称数。故自天子通于庶人，事无大小多少，由是推之。故曰：朝无幸位，民无幸生，此之谓也。"（《荀子·富国》）这段话的特点是，把礼、法、裕民融为一体了，三者统一于利，是不是？

《荀子·富国》书影

荀子：完全是这样的。这也算是我的理论的实用性。我讲礼，离不开贵贱、贫富、长幼，离不开各自的物质利益。宋元之际的马端临在《文献通考》中也多有论及。讲法（这里所谓的"法数"），离不开"衣食百用出入相掩"。"出入相掩"，相当于说是一个家庭的收入和支出相当，保持平衡，而且稍有盈余。将法作这样解释的人是不多见的。但是，我认为这是十分正确的，法背后的不正是种种利益驱使吗？而裕民则完全融化在礼和法中了。这段话中讲贵贱，讲贫富，讲职位，讲俸禄，讲量地，讲计利，讲衣食，讲百用，讲收支，看来似乎都只是讲民生问题、裕民问题，实际上连带也讲到了礼和法的问题。

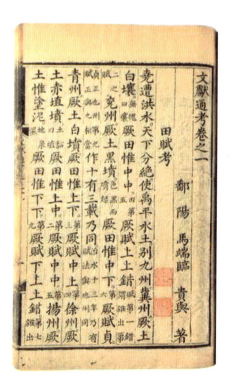

马端临《文献通考》书影

马端临，宋元之际著名的历史学家，著有《大学集注》《文献通考》等。他在《文献通考》序言开宗明义就引荀子所言"欲观圣王之迹，则于其粲然者矣，后王是也"，以示对荀子"法后王"的肯定。

问题是如何才能富国裕民呢？在当时，战争绵绵不绝，天下四分五裂，谁都富不了国，裕不了民。正如刘向在编辑《战国策》时说的："并大兼小，暴师经岁，流血满野。父子不相安，夫妻离散，莫保其命。"连性命都难保，怎么还说得上富国裕民呢？提出富国裕民时，这一社会现实您考虑到了没有？

《战国策》书影

荀子： 当然考虑到了。正是从百姓的利益出发，我提出了"齐一天下"。在我的书中，你们可以找到多处对统一天下的说法。"一天下，财万物。"（《荀子·非十二子》）"笞揣暴国，齐一天下。"（《荀子·儒效》）"臣使诸侯，一天下。"（《荀子·王霸》）我还多次引用《诗经》中的"自西自东，自南自北，无思不服"（《诗·大雅·文王有声》）这样的话来表述我的心迹。我说的"齐一天下"，主要是从"财万物，长养人民，兼利天下"意义上说的，我心中十分明白，只有天下统一了，物质财富的生产才能得到充分的保证，老百姓才能过上美满幸福的好日子。

《诗经》书影

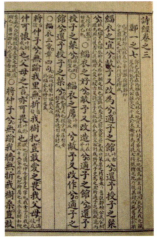

您认为在当时的条件下，"齐一天下"的条件成熟了吗？也就是在您所处的那个时代，"一天下"的可能性如何？

司马迁像

司马迁说："荀卿之徒，著书布天下。"（《史记·吕不韦列传》）这里说的"布天下"，是指用"一天下"的道理宣传于"天下人"，让更多的人懂得统一的好处。

荀子： 我认为，统一天下，这是一种"天数"，也就是必然的趋向。这一点，我是到处游说的，连司马迁也认为"荀卿之徒，著书布天下"。我说："分均则不偏，势齐则不壹，众齐则不使。有天有地而上下有差，明王始立而处国有制。夫两贵不能相事，两贱不能相使，是天数也。"（《荀子·王制》）而这种天数，又表现为一种人情。"夫贵为天子，富有天下，名为圣王，兼制人，人莫得而制也，是人情之所同欲也。"（《荀子·王霸》）天下人的"人情"都希望有"贵为天子、富有天下"的圣王出来一统天下，这不是谁喜欢不喜欢的问题。到我那个时代，打了四五百年的仗，对四分五裂的战乱大家实在厌倦了。我一再说，"人心即天心"，人心都希望一统天下局面的出现，那可是最根本的。

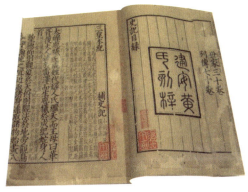

汉太史司马祠及《史记》书影

有人以为，您说的一统天下，无非是"天下分久必合，久合必分"论的翻版。有专家还说："荀子无非是把社会历史说成是一个循环的过程，是一个单一的圆圈运动。"(夏甄陶:《论荀子的哲学思想》)对这样的批评性的论说，您持何态度？

荀子: 这种批评是难以成立的。有人说我推出"循环论"的依据是因为我说过"以类行杂，以一行万，始则终，终则始，若环之无端也"这样的话。其实，我这句话的意思是讲事物的发展由始到终，由终到始，好像一个圆圈没有开端一样。清代钱大昕有评说，认为我之"环之无端，非静止"，这就道出了我的原意。这里强调的是事物发展的规律，而不是一种周而复始的循环。以圆环作譬，是形象的，虽不一定很确当，但不能由此认定我说的是历史循环论。我一再说："欲观千岁，则数今日。"(《荀子·非相》)可见，我是相信历史是向前发展的，"今日"会比以往的"千岁"更好。走向统一，是历史发展的大趋势。

钱大昕像

钱大昕，清代史学家、汉学家，被推为"一代儒宗"。著有《荀子集解》等。他说："仲尼既殁，儒家以孟、荀为最醇。太史公叙列诸子，独以孟、荀标目。"针对朱熹批驳说："荀子所云人之性恶其善者伪也。此'伪'字即作为之为，非诈伪之伪。"(《荀子集解》考证上)

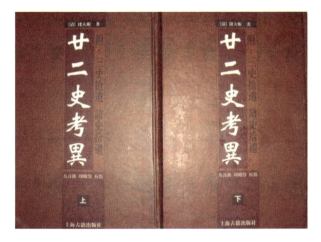

《廿二史考异》书影(上海古籍出版社出版)

八七问荀子

统一不只是一个政治概念，还是一个经济概念。统一归根到底带来的是全体民众的经济利益，也就是说为经济的流通和经济的发展创造条件。在这点上，先生有些什么高见？

刘向像

刘向，原名更生，字子政。西汉经学家、目录学家、文学家。他对荀子的评价极高。在《孙卿书录》记载了这样一件事，有人向楚相春申君说："伊尹去夏入殷，殷王而夏亡，今孙卿天下贤人，所去之国，其不安乎？"刘向还对荀子的思想加以襄扬说："如人君能用孙卿，庶几乎王！"他把荀子抬到了仅次于孔子的地位。

荀子：在天下大一统的社会环境下，经济的畅通和民众的得益是不言而喻的。"泽人足乎木，山人足乎鱼，农夫不斫削，不陶冶而足械用，工贾不耕田而足菽粟。"（《荀子·王制》）打鱼的渔夫能得到所需的木器，山居的士人能食到鱼品，农民不用自己去制作农具，广大民众不用亲自陶冶而有日常生活必需品使用，而经商的人也不用去耕种而有足够的粮食吃，这些都只有在大一统的局面下才能办到。这种"财货通"的局面，可使北方出产的快马好狗，在中原地区得以畜养使用；南方出产的羽毛、象牙、犀牛皮、铜精、丹砂，在中原地区加工成为有用的东西；东方出产的麻布、鱼和盐，中原地区可以作衣食；西方出产的皮革和染色的牦牛尾，中原地区可以成为制作用品。这是我在《王制》篇中想象的统一后的景象。"天之所覆，地之所载，莫不尽其美，致其用。"天下大一统，为富国裕民创造了最重要的条件。刘向对我的治国理论有过一番赞扬。

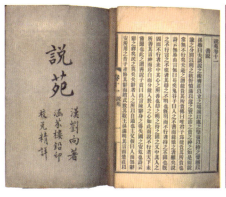

《说苑》及
《说苑校证》书影

我们读您的《富国》篇,篇名虽然叫"富国",可更多讲的是"富民"(裕民),您把致富的天平倒向了民众一边,其道理何在呢?

荀子: 在当时的条件下,国富民穷的国家的确是有的。收取了大宗的税,想方设法搜刮民脂民膏,结果国库是满了,官老爷的腰包也鼓了,而老百姓的日子却越来越不好过。到头来,民怨沸腾,盗贼四起,这所谓的"国富"也难以维持下去。我说过:"王公则病不足于上,庶人则冻馁羸瘠于下,于是焉桀纣群居,而盗贼击夺以危上矣。"(《荀子·正论》)上头的王公大人越是贪心不足(即所谓的"病不足"),老百姓的日子就越不好过,社会越不安定,一些人追求的"富国"之梦越只能是泡影一个。真正的富国,只能建筑在富民的坚实基础之上。

谭嗣同雕像

谭嗣同,著名政治家、思想家,是"百日维新""六君子"中最具自我牺牲的一位,他认为荀学是"富国之学",是中华传统文化中的瑰宝,他说:"两千年来之学,荀学也。"可见荀学影响之深远。

谭嗣同故居

您在富国裕民问题上,提出了一个突破性的说法,叫做"裕民以政"(《荀子·富国》)。何为"裕民以政"呢? 一般的注家都轻描淡写地释为"以政治上的各种措施富裕人民"。这样解释当然是不错的,但总觉得还不够味、不贴切,先生,请您自己说说,这"裕民以政"该作何解?

《先秦诸子系年》封面

钱穆在《先秦诸子系年》说:"史迁言汉初传经本师,其可信者也。诸师或出荀子之门,则有可信,有不可信。荀子在汉时为近古大儒,其弟子李斯,当秦政,荀学独得势。汉人多传荀子学,可也。"

荀子: 汉代多传荀学,也许同我弟子多施"裕民以政"有关,因为当时施行"与民休养"之政。说"裕民以政"的"政",就是政治,当然没有大的错。但是,这样解释失之太大、太泛。政治的范围实在太广了,我国的《书经》上有"八政"之说,它包括了内政、司法、民事、外交、军事等各个方面。如果要贴切一点的话,还是作政令、政策讲比较妥当。《逸周书·命训》:"震之以政,动之以事。"其中的"政"字就是政策、政令的意思。这样一解读,就深刻得多了。我之所以强调"裕民以政",实际上是说要真正使百姓得到实惠,让他们切切实实富起来,只有政策对头,裕民富民才有希望。这就要有相应的富民政策。富民政策是富民的生命线。

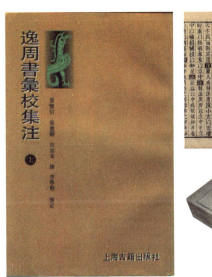

《逸周书》及《逸周书汇校集注》书影(上海古籍出版社出版)

您在许多篇章中说的"上下俱富",能不能理解为是您倡言的富民政策的总方略?

《〈荀子〉版本源流考》书影

荀子: 是的,这的确是一个总方略。富是全体国人的共享,而不是少数人的专利。我把"富"不只看成是一种享受,而且是凝聚人心的最重要的黏合剂。"上失天时,下失地利,中失人和,天下放然,若烧若焦"(《荀子·富国》),那样,谁都富不起来。只有"上下俱富",才能使"上下一心",才能共同去奔富裕之路。在"上下俱富"这个总方略中,我特别关注"下富"。在我看来,"下富"是第一位的。有了"下富",才会有"上富"。我指出:"下贫则上贫,下富则上富。"(《荀子·富国》)关键中的关键还是要使占人口绝大多数的劳苦大众富起来。

高正,学者,著有《诸子百家研究》《〈荀子〉版本源流考》《中华历史名人荀子》等。认为荀子"上下俱富思想难能可贵"。

管仲纪念馆

有些人把"上下俱富"理解为"均平"主义。"均平"思想在历史上很有市场，也很吸引人的眼球。记得孔子就说："有国有家者，不患寡而患不均，不患贫而患不安，盖均无贫、和无寡、安无倾。"（《论语·季氏》）孟子走得更远，他力主"均平"，反对"冒富"，认为让一些人"冒"了，是"不行仁政而富之"（《孟子·离娄上》）。您能同意这些说法吗？

南怀瑾像

南怀瑾，中国传统文化的积极传播者。著作多以演讲整理为主，内容往往将儒、释、道等思想进行比对，别具一格。他认为荀子所提出的"均平"等思想无不受到管仲思想的影响，其实此说是对荀子的误读。

荀子：在这点上，我是与孔子和孟子都不相同的。他们主张"均平"，我反对的就是这"均平"两字。我说过："分均则不偏，势齐则不壹，众齐则不使。有天有地而上下有差，明王始立而处国有制。"（《荀子·王制》）这段话的意思是：名分相等分配就无法普遍，权势相当就不能统一，人们地位相同就谁也指挥不了谁。有天有地以来就是上下有差别的，贤明的君主立国一开始就考虑区别对待的政策。这里，批评了"分均""势齐""众齐"这样一些错误思想，主张"不均""不齐"的分配制度。"贵贱有等，长幼有差，贫富轻重皆有称焉。"（《荀子·礼论》）总而言之，我说的富是有等差之富，有轻重之富，而不是完全"均平"之富。

欹器示戒图（明代木刻）

图写孔子立于欹器案旁，袖手拱手胸前，似在讲述"中庸"之道："虚则欹，中则正，满则覆。"意谓人生处世要中正，不偏不倚，不满不虚，满则易遭恶人诬陷迫害，虚则易倾侧于一方，唯中正才是处世之道。典出《荀子·宥坐》。

作为一种富民政策，应该是较为具体的，也就是说应该有相应的经济举措，请您说一说这方面的问题行吗？

荀子：这个问题太重要了。单是说富民，没有具体的经济手段，到头来还是一句空话。我提出的措施是："轻田野之税，平关市之征，省商贾之数，罕兴力役，无夺农时，如是则国富矣。"（《荀子·富国》）这里有五条经济举措：第一是"轻田野之税"。当时一些国家的税收名目繁多，有地税，有山林之税，有湖泽之税。这里说的"轻"，既有减少税种的意思，又有减轻税量的问题。第二是"平关市之征"，对关卡、集市的征收要平整，不能无限制地加征。第三"省商贾之数"，春秋战国时期私人商业活动十分活跃，一些巨商大贾甚至垄断了跨国商务，我主张对此要适当限制。第四"罕兴力役"，力役就是劳役，就是以国家的名义把壮年劳动力拉去无偿从事国家和公共事业的建设。我主张"罕兴力役"本身具有限制统治者以国家名义滥用民力的意思。第五"无夺民时"，这里的"民时"，主要指"农时"，在播种、收割等农时关键时刻，尤其不乱用民力，可以使百姓安心从事劳务。有了这五条，还怕民不富吗？

林语堂像

林语堂，现代著名学者、文学家、语言学家。一生著述颇丰。他在《孔子的思想和品格》中，认为"将孔子的这门真实学问发扬得最好的莫若荀子"，特别是"富民思想阐述得周全，足以反映荀子之见解"。

齐国古城排水工程

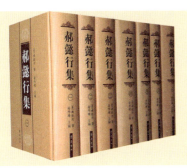

有专家认为，您说的"足国之道，节用裕民，而善臧（藏）其余"，"善藏其余"中的这个"藏"字十分了得。百姓富足了，粮食吃不掉，钱用不光，怎么办呢，总不能浪费掉吧，还是得"藏"起来。怎么"藏"呢，您这里没有明确说，能不能告诉我们它的究竟？

《郝懿行文集》书影

郝懿行，清嘉庆年间进士，官户部主事。为清代著名学者、经学家、训诂学家。长于名物训诂及考据之学，于《尔雅》研究尤深。所著有《尔雅义疏》《山海经笺疏》《易说》《书说》《春秋说略》《荀子补注》等书。认为荀子"善藏其余思想为富国之道"。

《文心雕龙》书影

刘勰深受荀子思想以及《荀子》一书文体的影响，《文心雕龙》上篇的文体论，不完全是刘勰的独创，它是把《荀子》、易传、汉扬雄等的看法和当时流行的玄学思想加以结合而形成的。同时也受到西汉刘歆《七略》的影响。

荀子：我知道，在对这个"藏"字的理解上，学术界是有不同看法的，有的说我主张"藏富于民"，有的说我主张"藏富于库"。我在这里可以明确地告诉大家，我所说的"藏"，就是"藏富于民"。"节用裕民，而善藏其余"，我是连着一起讲的。就是说，鼓励老百姓把多余的东西"藏"起来，是裕民政策的一个方面。说"善藏"，就是要大家好好地、妥善地藏，这明显是对百姓讲的。

说到"善藏"，我在文中作了一点回顾。我说到，以前有一种情况，遇到丰年，粮食多得吃不了，"余若丘山，不时焚烧，无所藏之"（《荀子·富国》）。粮食堆成了山，不知怎么办，最后放一把火，把这些余粮一烧了之。这是多么可惜的事。我说的"善藏"，就是针对这种现象说的。

那么，我是否主张"藏富于库"呢？不主张，或者说不太主张。我说过："垣窌仓廪者，财之末也。"意思是，官仓粮库是生财的末节。言外之意，在官仓中藏过多的货物不一定是好事。我还说："事业得叙者，货之源也；等赋府库者，货之流也。"（《荀子·富国》）农业等事业才是货物的源头，而按等级征收赋税充实国库只是财货的流。这些都说明，我的主张不在于"藏富于库"，而在于"藏富于民"。

中国是一个以农立国的国家，富国也罢，富民也罢，首先要解决的是农业问题，在这个问题上，您是否加以特别的关注了呢？

荀子： 当然！在我们这个国家，没有农业的发展，根本就说不上什么富国裕民。从整个国家来说，只要重视了农业，"节用以礼，裕民以政，彼裕民故多余，裕民则民富，民富则田肥以易，田肥以易则出实百倍"（《荀子·富国》）。抓好农业，农民积极性上来了，可以"出实百倍"。这当然是很理想主义的，但也反映了我的一种自信。对每个农业家庭来说，只要种好自己的地，生活的富足也是不成问题的。"家五亩宅，百亩田，务其业而勿夺其时，所以富之也。"（《荀子·大略》）当然，我说的有五亩宅基地、百亩大田的家庭，是一种相当富足的家庭了。在《荀子·赋篇》中，我以"不歌而诵"文体，且以"假物寓意"的手法对于"礼"又作了一番描画。

张居正像

张居正，明代优秀的内阁首辅之一，伟大的政治家、改革家。他认为只有毅然变法，厉行改革，才足以挽救日益加剧的政治社会危机。在比较孟、荀之后说："孟与荀两者互异，而荀为近焉。"对于荀子"法后王"的主张较为崇尚，他认为："法制无常，近民为要；古今异势，便俗为宜。"

《荀子·赋篇》书影

张居正故居

您在论述"强本"的同时，曾在一些文稿中提到过"省商贾之数""省工贾"这样的话，因此，有一些专家认为，荀子是"抑工商的"（《中国经济思想简史》），对此，您将如何作答？

九六问荀子

黄宗羲像

黄宗羲，明末清初经学家、史学家、思想家、地理学家、天文历算学家、教育家。思想深邃，著作宏富，与顾炎武、王夫之并称明末清初三大思想家。他是中国历史上第一个把"以农为本、以工商为末"的传统思想，改为"工商皆本"的思想家。他说："世儒不察，以工商为末，妄议抑之。夫工固圣王之所欲来，商又使其愿出于途者，盖皆本也。"（《明夷待访录·财计三》）对荀子的"强本"持肯定态度。

荀子：不能这样看。这里"省商贾之数"之"省"，是相对于以农为本而言的。从当时的情况而言，人心浮动，一些人不愿从事艰苦的农业劳动，而热衷于赚钱相对容易的商业活动，这实际上是在动摇农业这个"本"。但是，对正常的商业活动，包括铁工、木工、陶工等手工业活动，我不只不反对，而且认为它们有利于农业，有利于农民，"器用巧便，而财不匮矣"（《荀子·王霸》）。没有这样的手工业，没有交换这些手工产品的商人，农业的发展是不可想象的。对此，我还是坚持儒家"以农为本"的思想，在《荀子·哀公》篇记载了孔子与鲁哀公的对话，从中也可了解我对孔子思想的向往和继承。

《明夷待访录》书影

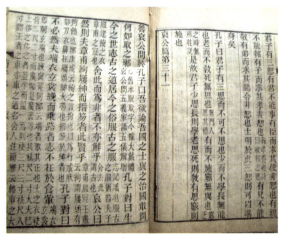

《荀子·哀公》书影

您在说到"裕民以政"时,一面讲了一系列裕民富民的政策,一面又强调仁人的作用。说要给仁人穿华丽的衣服,吃美味的食品,得到比一般人多的财物,而且"百姓贵之如帝,亲之如父母,为之出死继亡而愉者"(《荀子·富国》)。对仁人如此的敬重,出于一种怎样的考虑?

荀子:"百姓贵之如帝"如同"君者舟也,庶人者水也"之意,水可载舟亦可覆舟,唐代魏征就用此话进谏唐太宗。请朋友们注意,我这里所说的仁人,与孔子说的仁人是不尽相同的。"孝弟也者,其为仁之本。"(《论语·学而》)在孔子眼里,仁人的第一品质是孝和悌,推而广之,就是爱人。而我

魏征像

魏征,唐朝政治家。曾任谏议大夫、左光禄大夫,以直谏敢言著称,用荀子在《荀子·王制》"君者舟也,庶人者水也,水则载舟,水则覆舟"的话来告诫唐太宗。

这里说的仁人重点是一个智慧型的能人。"其知虑足以治之,其仁厚足以安之,其德音足以化之。"仁厚、德音这样的品格都要,但首先是过人的知虑。有了这种过人的知虑,就能"治万变,材万物,养万民,兼制天下"(《荀子·富国》)。这就清楚了,我说的仁人实际上就是裕民富民的带头人。在裕民富民历程中"其所得诚大,其所利焉诚多也"。社会一天天富起来,国家一天天富起来,民众一天天富起来,他得到的多一些有什么不可以呢,因为他"所利诚多也",他的贡献太多太大了。经济的变革需要有这样一大批"仁人"的出现。

魏征雕像

是否能较为具体地说一说，仁人在富国裕民过程中表现出了怎样一种过人的知虑呢？

吴虞像

吴虞，新文化运动的激进派代表人物。胡适称他为"中国思想界的清道夫"。他对儒家的基本态度是从根本上予以否定，从孔子、孟子到董仲舒等儒家代表人物都受到他的攻毁。但他对荀子却是个例外。经过他对《荀子》的重新审视，认为荀子的见识度超越儒家与诸子，甚至视荀子为儒学中的路德、中国古代学术界的培根，并写了《荀子之政治论》《荀子之〈天论〉与辟机祥》《荀子之〈劝学〉及〈礼论〉》等三篇论著，来阐发荀子的政治观、天道观与人性修养学说，对荀子的学说作了高度的评价。

荀子： 最重要的是要奖掖和赞赏"勤励之民"。这些勤励之民，不管是在什么样的职位上，都能做好自己的事。事情很简单，只要这样，天下就太平了，民众就富足了。"兼足天下之道在明分。掩地表亩，刺草殖谷，多粪肥田，是农夫众庶之事也。守时力民，进事长功，和齐百姓，使人不偷，是将率之事也。高者不旱，下者不水，寒暑和节，而五谷以时熟，是天之事也。若夫兼而覆之，兼而爱之，兼而制之，岁虽凶败水旱，使百姓无冻馁之患，则是圣君贤相之事也。"（《荀子·富国》）让社会各个层面上的人都干好各自的"事"，这样的"明分"，只有我笔下的仁人办得到。

培根像

弗兰西斯·培根，英国哲学家、思想家、作家和科学家。被马克思称为"英国唯物主义和整个现代实验科学的真正始祖"。在逻辑学、美学、教育学方面也提出许多思想。著有《新工具》《论说随笔文集》等。

路德像

马丁·路德发动了一场宗教改革运动。在宗教改革运动中个人所起的作用要比哥白尼在科学革命中个人的作用要大，他的最重要的著作之一是《圣经》的德译本，把《圣经》译成了华丽的散文，对德国的语言和文学产生了影响。

在您的经济思想中，还有极为重要的一环，就是"开源节流"。您认为，只要"节其流，开其源"，那么"天下必有余，而上下不忧不足"。我们知道，您是社会经济生活中的乐观主义者。您那样乐观地相信"天下必有余"，有依据吗？

荀子： 我的确是社会经济生活中的乐观主义者，不像墨家那样的老是"忧不足"。到了20世纪、21世纪，不是也有一批经济学家天天在絮叨随着人口的增长，地球将不堪其重负，粮食的供应终将成大问题。我要劝告这些人，不必那样杞人忧天。"夫天地之生万物也，固有余足以食人矣；麻葛、茧丝、鸟兽之羽毛齿革也，固有余足以衣人矣。"（《荀子·富国》）我这里连用了两个"足以"，说明我是有充分的信心的，相信只要各个时代的人们都能"节其流，开其源"，那么达到两个"足以"，实现两个"有余"，那是根本不成问题的。

这是一种作为万物之灵的人类的自信。作为有智慧、有觉悟的人，应该有这样一种自信。想得开一点，过去中国人只有四万万五千万同胞的时候，一些外国"专家"不是预言过"中国人不可能养活中国人"吗？可是，现在同样的版图内，已经有了十三亿中国人了，中国人不是靠自己的力量养活了自己，而且日子过得一天更比一天好吗？这就充分证明了我两个"足以"、两个"有余"的正确性。

熊十力像

熊十力，著名哲学家，新儒家开山祖师，国学大师。他认同荀子"天下必有余，在于开源节流"的说法，还赞荀子思路清晰，纲举目张，说："余以为《孙卿》书，当与《大、小戴记》并称《礼经》，……孙卿之义，条举其纲要。""孙卿主张群与分之意，适与之合，惜后儒不能究明而实行之。"

墨子雕像

您在一系列论述中一再批评墨子的"节用"说,还认为"墨子之节用也,则使天下贫",墨子的"节用"怎么会使"天下贫"呢?您在许多场合不是又说节用是裕民之举呢,这样说,不是自相矛盾了吗?

墨子像

荀子: 一点儿也不矛盾。我批评墨子的"节用",主要是要否定他那只讲节用、不讲开源的经济思想。如果只是"与百姓均事业,齐功劳",大家挨在一起过苦日子,那么,"墨子虽为之衣褐带索,嚅菽饮水,恶能足之乎?"(《荀子·富国》)我是说,你墨子虽说是好心,自己也穿着粗布衣裳,吃着粗劣的食物,整天忧心忡忡的,这是一种不足道的"私忧",其结果还仍是"伐其本,竭其源,而焦天矣"。我的意思是,只有建筑在开源基础上的"节流",那才是有意义和有价值的。

墨子纪念馆

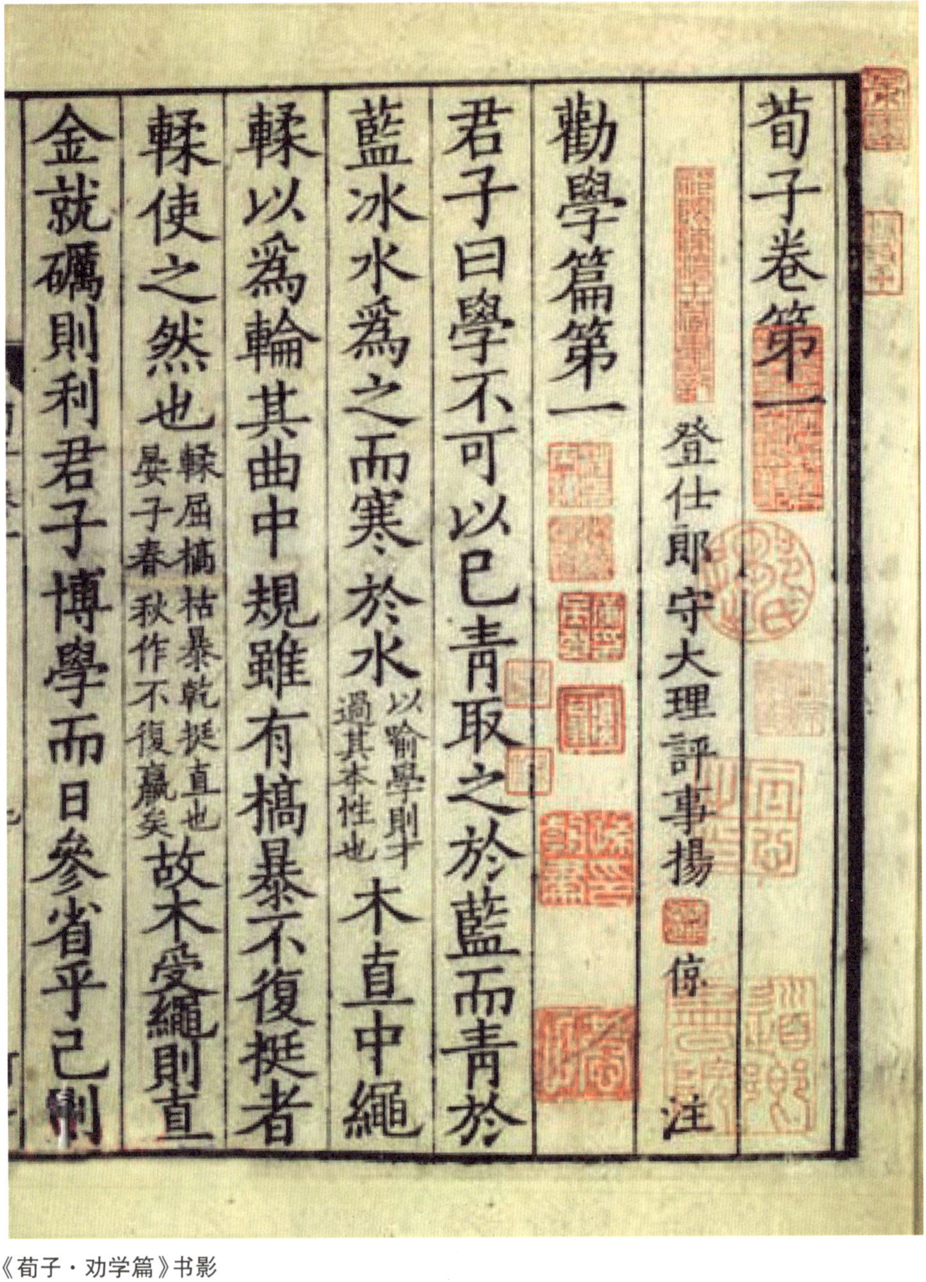

荀子卷第一

登仕郎守大理評事楊倞注

勸學篇第一

君子曰學不可以已青取之於藍而青於藍冰水爲之而寒、於水 以喻學則才過其本性也 木直中繩輮以爲輪其曲中規雖有槁暴不復挺者輮使之然也 輮屈檇枯暴乾挺直也 晏子春秋作不復贏矣 故木受繩則直金就礪則利君子博學而日參省乎己則

《荀子·劝学篇》书影

第六章

综汇百家

　　战国时期，天下真是乱到了极点，"诸侯异政"，"万物异情"，反映在思想文化领域，则表现为"百家异说"。曾经"三为祭酒"、被世人誉为"最为老师"的荀子，综览百家，心潮澎湃，难以自已。"假今之世，饰邪说，文奸言，以枭乱天下，矞宇嵬琐，使天下混然不知是非治乱之所存者有人矣。"能允许"有人"以邪说、奸言危害国家百姓、搅乱天下人视听吗？不能。怎么也不能！为了"解诸子之蔽"，荀子愤然握笔，把笔锋对准了它嚣、魏牟、陈仲、史鳎、墨翟、宋钘、慎到、田骈、惠施、邓析、子思、孟子，创作出了千古名文《非十二子》《解蔽》。荀子把扰乱人心、危害社会的诸子称为"乱家""乱术"。荀子既是个充满激情、敢为天下先的人，又是个冷静稳重、善于思考和分析的人。他一面无情地批判着，同时又深情地吮吸着，从诸子百家的思想中提取着他们的精华，加以提炼和综合，形成了源于百家又高于百家的出类拔萃的荀学。

战国时期的思想家，好用"百家"一词来形容当时思想领域内的活跃局面。庄子在《天下》篇中说，"百家之学"是"散于天下而设于中国"。韩非子在《显学》篇中说，百家之学中"世之显学，儒、墨也"。至于先生您更是多次运用了"百家"这个词儿。如在《解蔽》篇中说："今诸侯异政，百家异说。"在《儒效》篇中说："百家之说，不及后王，则不听也。"请问，能否给我们说说，百家局面的出现，究竟是一种怎样的情状呢？

荀子： 百家云云，并不是像有些人理解的那样，那时有百来个家派的出现。按照当时的文化学术水平，再繁荣也不可能会有那么多学术家派的。那么，"百家"之"家"，该作何解呢？该作思想家的个体解，就是说，当时大约有百来个思想家各自捧出自己的思想观念，在那里斗争、辩论，有的还献诸帝王家，作为施政的参考。至于真正独树一帜成其为学术派别的，不会多，最多就是十来家吧。正如班固在《汉书·艺文志》说的："凡诸子百八十九家，四千三百二十四篇，诸子十家，其可观者，九家而已。"当然，他的统计不可能是完善的。但，他把"百家"的那个"家"，和学术流派的那个"家"区分开来，还是很正确的。

韩非像

韩非，韩王室诸公子之一，战国法家思想的集大成者。与秦相李斯都是荀子的学生。韩非因为口吃而不擅言辞，但文章出众，著作主要收集在《韩非子》一书中。在其著述中竭力阐述荀子思想。

《汉书艺文志讲疏》(上海古籍出版社出版)及《汉书艺文志》书影

对思想流派的区分，庄子说："天下之治方术者多矣，皆以其有为不可加矣。古之所谓道术者，果恶乎在？曰：无乎不在。"（《庄子·天下》）他的意思是：天下研究学术的人多着呢，都以为自己的学术达到了顶峰。那么，古代学术反映天道的在哪里呢？回答是：无所不在。他似乎是要说学术流派可用怎样理解道来区分，可又虚晃一枪，欲言又止。先生，请您告诉我们，在您看来，学派的分野究竟在哪里呢？

荀子： 这个问题我倒是认真考虑过的。不知大家是否记住了我的这样一段话："诸侯问政，不及安存，则不告也。匹夫问学，不及为士，则不教也。百家之说，不及后王，则不听也。夫是之谓君子言有坛宇，行有防表也。"这段话的要旨在于，"百家之说"的那些君子的言论要有界限（所谓"坛宇"）、行为要有标准（所谓"防表"）。这里说了三条：第一条是百家的言论要触及政治，要关乎社会的安定和国家的存亡；第二条是百家的言论要有正确的道德导向，要教人怎样当一个正直的士人。第三条是百家的言论要符合"法后王"的准则，要有发展的眼光，不符合的不值得宣扬。

李斯雕像

李斯，早年为郡小吏，后从荀子学帝王之术，为荀子门人之一，学成入秦。初被吕不韦任以为郎，后劝说秦王政灭诸侯、成帝业，被任为长史。秦王政十年（公元前237年）下令驱逐六国客卿，李斯上《谏逐客书》阻止，为秦王所采纳，不久官为廷尉。执政期间一直宣传和贯彻荀子思想。

李斯刻石拓本

在我们看来，上面说到的触及政治、道德导向和"法后王"三条还是很有道理的，可是，后人对此似乎没太重视。最著名的是司马谈著《论六家要指》，他说："夫阴阳、儒、墨、名、法、道德，此务为治也，直所从言之异路，有省不省耳。"似乎标准有点不同，是不是？

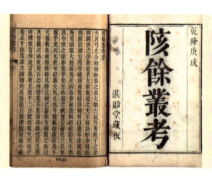

《陔馀丛考》书影

荀子：我看是大致相同的。我说要三点，他说只要一点就可以了，"此务为治也"，意思是说，只要看是否有利于社会的治理。其实，我说的三点，其核心也是一个"治"字。"百家之说"要触及政治，不正是为治吗？"百家之说"要关乎道德，不也是治吗？"百家之说"要师法"后王"，不也就是治吗？我的三点背后都隐隐然透着一个"治"字。太史公是综合，我是分析，都在说一个"治"字。

清代赵翼《陔馀丛考·安期生浮邱伯》对浮邱伯作了一番考证："世以安期生、浮邱伯皆为列仙之徒。《汉书·儒林传》：申公与楚元王交，俱事齐人浮邱伯受诗……则浮邱伯实儒者也。"浮丘伯，秦汉时期从旧儒学到新儒学发展历史中承前启后的重要人物。西汉刘向《说苑·至公》中记载了一件浮丘伯与秦始皇廷辩之事。汉代儒学中的"鲁学"学派，就是浮丘伯弟子所兴起的一个学派，从而开创汉代新儒学。

朱熹画像

朱熹，南宋著名的理学家、思想家、哲学家，闽学派的代表人物，是弘扬儒学之大师。朱熹提倡"存天理，灭人欲"，所言"存天理"，是发扬大善、大公之仁爱之心；所言"灭人欲"，是要灭掉荀子所说人之初性本恶的恶，是人性中恶的部分。他对荀学有深究，并有诸多创见。画像藏台北故宫博物院。

《管子四篇诠释》封面（商务印书馆出版）

一个人的性格与辩论的态度似乎有相当大的关系。就说孟子吧，他虽然说自己"我无官守，我无言责也。则吾进退，岂不绰绰然有余裕哉"（《孟子·公孙丑下》）。话是这么说，做起来有那么容易吗？一遇论敌，他就成了好斗的公鸡，被众人视为"好辩"的"迂阔夫子"。而您的性格、态度似乎都不是这样的，是不是？

张苍雕像

张苍，战国末期曾在荀子的门下学习，与李斯、韩非等人是同门师兄弟。在秦朝时曾经当过御史。张苍校正《九章算术》，制定历法，也是我国历史上主张废除肉刑的一位古代科学家。

荀子：是的，我的性格与孟子不同，论辩的态度也与孟子不同。我的弟子张苍博学善言，他在历法、算术卓有成就。我注重"谈说之术"，长于以理服人。我指出："谈说之术，矜庄以莅之，端诚以处之，坚强以持之，譬称以喻之，分明以明之。"（《荀子·非相》）这里有谈说者个人的品格问题，有个人的态度问题，还有谈说的艺术问题。如此这般，我在论辩时还会像孟子般火暴吗？不可能的。事实上，我的谈说因为注意了品格和态度，因此"说常无不受"，对方往往能心悦诚服地接受的。

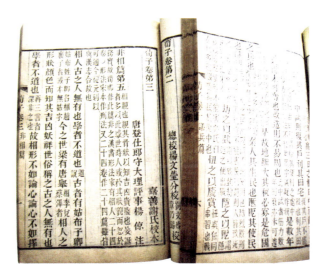

《荀子·非相》书影

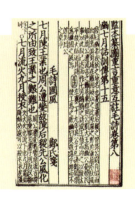

当时的学派与学派之间，相互指责和批评是常有的事，如果别人批评您和您的学派，您会怎么样对待呢？

荀子： 那要看这种批评是否精当、是否中肯了，但总的来说，我对来自他方的批评是持欢迎态度的。我说过："非我而当者，吾师也。是我而当者，吾友也。谄谀我者，吾贼也。"（《荀子·修身》）这可以说是我对待批评的基本态度。指责我而又恰当中肯的人，我把他视之为我的良师；称赞我而又恰当中肯的人，我把他视之为我的益友；一味阿谀奉承我的人，我倒是认为他是想害我的贼子。有学者考证，我弟子毛亨为《诗经》作注秉持严谨态度，为后人所称道，秉承的就是我的学风。

《毛诗》书影

毛亨，生平不详，是"毛诗"的开创者，为荀子门人之一。

《毛诗》（各式版本）书影

《毛诗》为毛亨所作。据称其诗学传自子夏，作《毛诗古训传》，传授侄儿毛苌。古时有四家为《诗经》作注，只有毛亨、毛苌叔侄作注的"毛诗"流传下来。郑玄作笺、孔颖达作疏，成就了《毛诗正义》。

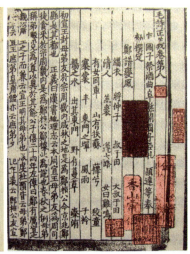

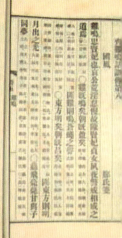

读《荀子》，发觉您在百家争鸣问题上说法多多，有时说"君子不辩"（《荀子·修身》），有时说"君子必辩"（《荀子·非相》），有时又说"君子辩而不争"（《荀子·不苟》），初初一读，真让人摸不着头脑，甚至给人以出尔反尔、自相矛盾的感觉，请您说明白，这是怎么回事？

《荀子·议兵》书影

《议兵》篇里有陈嚣问荀子兵事的记载。陈嚣也是荀子门人之一，据考证，其思想近乎道家。

《资治通鉴》书影（中华书局出版）

在《资治通鉴》卷六有陈嚣问荀子"兵事"的记载。

荀子： 看来你们对我的书读得很细，不然大概是看不出这些来的。我要告诉大家的是，这样三种说法，既不是出尔反尔，也不是自相矛盾，有一点也许你们都没有看出来，这是一种针对不同情况、不同争辩对象所采取的灵活态度和方法。"今诸侯异政，百家异说，则必或是或非，或治或乱。"（《荀子·解蔽》）对正确的和不正确的说法，当然要取不同态度，对有利于治理国家和会造成社会动乱的学说，更应取不同的斗争策略。我的三种不同的说法，都是与不同的对象有关的吧！不过，更多的还是请教，学问学问，学在于问，我的弟子陈嚣就常问我"兵事"，我也耐心讲解。

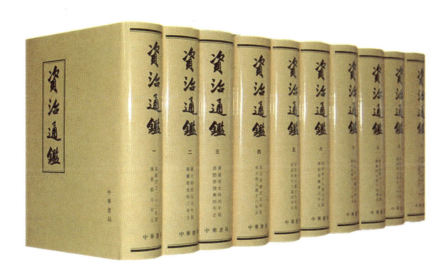

那我们就一条一条地来把它搞清楚吧。比如说,在怎样的情况下,您主张"君子不辩"呢?

荀子: 有些命题,虽然有一定的社会影响,但一时还辩不明白,得让时间来证明的,我就采取不辩的君子之风。我说过:"夫'坚白''同异''有厚无厚'之察,非不察也,然而君子不辩,止之也。"意思是:对"坚白""同异""有厚无厚"这样一些哲学命题,我不去进行深入细致的考察,也不参与人们的辩论,这是辩论有所止境的缘故。就拿坚白论来说,大概是哲学家公孙龙子提出来的吧,他就"坚、白、石三,可乎"这一命题,与人争辩,作了一篇长长的文章。在我看来,这是不符合我定下的"百家之说,不及后王,则不听也"的原则的,"坚、白、石"三者辩来辩去,对后王之治有什么好处呢?另外,这是一个纯哲学的命题,也不是一时三刻能弄清的,搁置一下也无妨,于是,我采取了放一放再说的"君子不辩"的做法。

李泽厚像

李泽厚,著名哲学家,主要从事中国近代思想史和哲学、美学研究。他非常推崇荀子,认为荀子是孔门正宗。还说过:"若没有荀子、《礼记》、董仲舒、王安石、张居正这条线,儒学早就完结了。"

公孙龙子雕像

《荀子·非相》书影

我们读您的《非相》篇，其中多次提到了"君子必辩"这个命题，而且说得激昂慷慨，大有非得辩白得一清二楚不可之势。先生，请告诉我们，在您看来，哪些问题是非得辩白清楚的呢？

荀子：可以说，《非相》篇是我的激情篇。为什么那样激动呢？那是因为在我面前的是妄人之论，而这种妄人之论竟还会有人听、有人信。面对这种情况，我怎能不激动呢？一是妄人们抛出了"相人之形状颜色而知其吉凶妖祥"说，可悲的是，这种妄人的妄论竟"世俗称之"，"称之"，就是称赞它，有人津津乐道，深信不疑，为它做义务宣传员。二是妄人们抛出了"古今异情，其所以治乱者异道"说，可悲的是，这种妄人的妄论竟使"众人惑焉"。这些妄言，实际上都是奸言，"凡言不合先王，不顺礼义，谓之奸言"。有人在那里大放奸言，我怎么能坐视不管？我怎么能不挺身而出进行力辩？

荀子雕像

先生说的"君子必辩",强调的是一种辩术呢,还是除辩术之外另外还包含着一些东西?

荀子: 我所说的"君子必辩",当然不仅是一种高明的辩术,它比讲辩术要丰富得多。我说:"故君子之于言也,志好之,行安之,乐言之。"(《荀子·非相》)这里讲了三条:一是"志好之",这里的"志",就是目标,你必辩,有目标吗?有志向吗?我是明确的,就是要法后王,就是要维护礼义的纯真和完美。二是"行安之",就是要在行为上安然若素,不能动摇。比如非相,这绝不只是一个理论问题,很重要的是一个自身的行为问题。我荀况理论上非相,行为上当然也非相,不然还谈何君子?三是"乐言之",就是好好地用语言表达出来。我的一段名言该是大家都记得的吧!"赠人以言,重于金石珠玉,观人以言,美于黼黻文章,听人之言,乐于钟鼓琴瑟。故君子之于言无厌。"这可算是对"君子必辩"的一个很好的注解吧!

章学诚像

章学诚,清代史学家、文学家。乾隆四十三年进士,官国子监典籍。章学诚倡"六经皆史"之论,治经治史,皆有特色。所著《文史通义》(9卷)为清代著名的学术理论著作。他认为荀子之辩,实为论说,"倡教贵学"。对于"性恶"论持否定态度,认为无论性善、性恶都是空谈;归根结底,还是需要教育,需要践履的工夫。

《文史通义》及《文史通义校注》(中华书局出版)书影

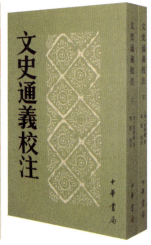

可是,我们细读您的《非相》篇,发现您有这样一个思想:君子在大是大非上是"必辩"的,但是,"必辩"的人,可不一定是君子,这就把我们有点弄糊涂了,怎么解释?

章太炎像

章太炎,名炳麟,清末民初民主革命家、思想家、中国近代著名朴学大师。著名学者,研究范围涉及小学、历史、哲学、政治等,著述甚丰。他认为,荀子是"名家最得大体者",他的《正名》篇专论是战国名辩思潮的重要成果,并指出:"性善、性恶之辩,以二人为学入门不同,故立论各异"(《太炎先生讲演录》)。

太炎先生纪念馆

荀子: 是的。完全是这样的。我说:"有小人之辩者,有士君子之辩者,有圣人之辩者。"(《荀子·非相》)这里说了三种人的"辩"。其实,归结一下,还是两种:一是君子之辩,一是小人之辩。按照"涂之人可为禹"的圣人观,圣人之辩也是可以归入君子之辩的大范围之中去的。君子之辩是"先虑之,早谋之,斯须之言而足听,文而致实,博而党正"。这里有三条:一是充分的准备;二是话不多而又能打动人;三是有文采、有广博的知识,但又很纯正而符合实际。而小人之辩是"其言辞辩而无统,用其身则多诈而无功,上不足以顺明王,下不足以和齐百姓"。这里也有三条:一是夸夸其谈,不得要领;二是言而无信,奸猾多诈;三是害国害民。实际上,这种区分是十分必要的。章太炎对于论辩有诸多精辟见解,认为论辩时,务必注意在特定的历史脉络中分析各家相同命题下的不同含义和意图。

在《不苟》篇中，您还有一种十分奇特的提法，叫做"君子辩而不争"，请您告诉我们其主旨何在？

荀子："辩而不争"云云，指的是一种辩论是非 《荀子·不苟》书影
的态度。我是这样说的："君子宽而不慢，廉而不刿，
辩而不争，察而不激，直立而不胜，坚强而不暴，柔长而不流，恭敬谨慎从容，夫在之谓至文。"（《荀子·不苟》）意思是：君子心胸开宽却不怠慢人，有棱角却不刺伤人，善于辩论却不强词夺理，明察事物却不偏激，正直耿介却不盛气凌人，坚定刚强却不凶暴，柔和顺从却不随波逐流，恭敬谨慎且能宽容大度，这才是君子身上文化精神的体现。请注意：我这里说的"君子辩而不争"，是放在整个"至文"视野里考察的。"至文"者，文化精神的最高体现也。"辩而不争"说的是辩论再激烈，也不会强词夺理，最后服从的还是那个真理。这是何等高尚的文化精神啊！

荀子雕像

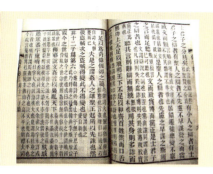

上面说的都是辩论的观念、气质、态度方面的一些问题，现在需要触及您对诸子的批判继承方面的一些问题了。您写了《非十二子》，在其他一些篇章中也还涉及其他一些家派的诸子。我们想问，在《非十二子》中，您为何首先把批判的矛头指向了在当时似乎不太有名的它嚣、魏牟呢？

《荀子·非十二子》书影

荀子：它嚣、魏牟其生平事迹，由于文献不足，后世的确是难以考稽了。但是，从我批判他们的一些内容看，他们是属于道家者流而又偏于消沉弃世的一脉。这一脉的要害在于两方面问题：其一，"纵情性，安恣睢，禽兽行，不足以合文通治"。完全违背了人类的礼义精神，与人的文化精神不合，与社会的治道不相通。其二，如果这个学派的理论是粗糙的，人们可以一眼看穿它，而现在它嚣、魏牟的理论又是精心包装过的，"持之有故，其言之成理，足以欺惑愚众"。对这样的学派，我当然要无情地加以揭露和批判了。

老子像

庄子像

第二组批判对象是陈仲和史䲡了。前面说到它嚣和魏牟两位是"纵情性，安恣睢，禽兽行"，而这次要交手的陈仲和史䲡两位却是"忍情性，綦谿利"。所谓"綦谿利"，就是极端地与民众分离。看来是完全相反而行的两个学派，为何都要受到您的批判呢？

荀子：两者当然都要批判。前者是纵欲主义者，"纵情性"，随心所欲，无所不为；后者是禁欲主义者，"忍情性"，走到了极端，以至于与别人离得远远的，离群索居，还自以为清高。而我是适欲主义者，这个"适"，就是礼和义。不管是纵欲，还是禁欲，都是对"明大分"的背离，在我看来当然是应批判的。再加上他们四人共同的特点都是"持之有故，言之成理，足以欺惑愚众"，因此，一定得揭露他们，批判他们。

王夫之像

王夫之，晚年居衡阳之石船山，世称"船山先生"。明末清初杰出的思想家、哲学家，主要著作有《周易外传》《周易内传》《尚书引义》《张子正蒙注》等。他继承和发展了荀子观点，认为天并不是神秘莫测的，也没有天命的存在，人可以认识天、利用天，甚至"与天争胜"，但不得"纵情随欲"，应像荀子所说"天不为人之恶寒也辍冬，地不为人之恶辽远也辍广"那样，有所节制。

王夫之《读通鉴论》书影

王夫之手抄本

在您之前的儒学大师孟子，把批判的重中之重放在杨朱和墨子上。他说过一段很有代表性的话："杨氏为我，是无君也。墨氏兼爱，是无父也。无君无父，是禽兽也。"（《孟子·滕文公下》）记得鲁迅先生说过，辱骂和恐吓绝不是战斗，而孟子恰恰取的是辱骂战术。据我们所知，您与孟子一样，也是把墨子作为批判的重中之重的。请问，在对待同样的批判对象上，您与孟子有何不同？

吕思勉像

吕思勉，教授，著《白话本国史》是第一部用白话文写成的中国通史。他认为荀子、孟子思想有同有异，要作分析，不要轻易否定。他说："荀子最为后人所诋訾者，为其言性恶。其实荀子之言性恶，与孟子之言性善，初不相背也。"（《先秦学术概论》）

荀子：《孟子》一书中提到墨子和墨学的，就那么四五处而已。提及处虽然不多，但是处处语意尖刻，近乎谩骂。我则不同，在《荀子》一书中，提到墨子和墨学的，有七八十处之多，但是没有一处对墨子其人表示不敬的。说墨子忧天下之不足时，我只是说"特墨子之私忧也"（《荀子·富国》），说的是道理，心平气和。说墨子不懂得"分"时，我也只是说"墨子有见于齐，无见于畸"（《荀子·天论》），寓批评于说理之中。我以为，批评必须"导之以理，养之以情"（《荀子·解蔽》）。这里说的"导之以理"，不只是在导读者和听众，还在导被批评的对象，这是一种与人为善的态度。

《礼记》(宋刻本) 书影

《礼记》是中国古代一部重要的典章制度选集，主要记载了先秦的礼制，集中体现了荀子等儒家礼学思想。

可以说，对其他学派的批评都是攻其一点，不及其余，而独独对墨子和墨学，是全面开花，多点批评，这是不是说明您对墨学怀有特别的偏见，或者说是特别地憎恶墨学？

荀子：完全不是这样的。为何要花那么大劲头批评墨子和墨学呢？最根本的是因为在春秋战国长达数百年间，墨学与儒学并为显学，它的影响可以说不亚于儒学。不把墨学的一些观点批倒，怎能树立儒学的权威？但是，我又以为，墨子和墨学与那些巧伪之学、言而不行之学还是很不同的。墨子的"衣褐带索，啜菽饮水"的奋斗精神，还是使我很感动、很钦佩的。至于墨子宣传的学说，在墨者自身来说，还是真诚的，不像有些学派那样在作伪。因此，我在批评墨学时，从来没有想到要故意诋毁墨子和墨学。这一点，我是明确表了态的："我以墨子之非乐也，则使天下乱；墨子之节用也，则使天下贫。非将堕之也，说不免焉。"（《荀子·富国》）请注意最后两句话，我是说：我并非在故意诋毁他（"非将堕之"），而是他的学说客观上不免会造成这种结局（"说不免焉"）。用你们能懂的通俗的话来说，我批评墨学与批评其他学派不同，我认为墨子是好心办坏事。

杨荣国像

杨荣国，当代哲学家。著有《中国十七世纪思想史》《谭嗣同思想研究》等。他认为荀子是法家，在《简明中国哲学史》中说，荀况早期虽名义上属儒家，但后来背离了，攻伐墨家，同时"对儒家正宗的思孟学派，也展开猛烈的抨击，从思想实质来看，已属法家阵营的杰出思想家"。

《墨子·非乐》及《墨子·节用》书影

苏轼像

苏轼，字子瞻，号"东坡居士"，世人称其为"苏东坡"。北宋著名文学家、书画家、词人、诗人，唐宋八大家之一。他对荀子"非十二子"，四处树敌，产生反感，认为只有为"小人之所喜"，说："荀卿者，喜为异说而不让，敢为高论而不顾者也。其言愚人之所惊，小人之所喜也。子思、孟轲，世之所谓贤人君子也，荀卿独曰乱天下者子思、孟也。"（《东坡应诏集·荀卿论》）

《墨子·非攻》《墨子·兼爱》书影

上面说到，您对墨学的批评面铺得很广，能告诉我们主要涉及哪些方面吗？

荀子： 大约主要涉及这样八个方面：一是对兼爱的批判，认为那样必然"不足以容辨异、县君臣"（《荀子·非十二子》）。二是对非攻的批判，墨子以为"当若繁为攻伐，此实天下之巨害也"，而我认为，周武王如果不是从事于攻伐，怎么可能百里而土呢，墨子之非攻实为"不知壹天下，建国家之权称"（《荀子·非十二子》）。三是批判墨子的过分自苦，过分事必躬亲，认为那样做实际上是"役夫之道也，墨子之说也"（《荀子·王霸》）。四是批判墨子的节葬，认为那是"送死不忠厚，不敬文，谓之瘠"，"墨者将使人（礼义、情性）两丧之也"（《荀子·礼论》）。五是批判墨子的实用哲学，认为"墨子蔽于用而不知文"（《荀子·锦蔽》）。六是批判墨家的节用观，认为"墨子之节用，则使天下贫"（《荀子·富国》）。七是批判墨子的忧天下之不足，认为"夫不足，非天下之公患也，特墨子之私忧过计也"（《荀子·富国》）。八是批判墨子的非乐观，认为"先王之道，礼乐正其盛者也，而墨子非之"（《荀子·乐论》）。

您批判了墨家那么多方面,如果有谁要您归结一下的话,您的批墨的重心在哪里呢?

苏轼雕像

荀子:主要在于一个"道"字,正如孔夫子说的:"道不同,不相为谋"(《论语·卫灵公》)。在后来的《论语或问纂要》《大学或问》等书都有论及。我在《乐论》中明确指出,我与墨家的分野也在一个"道"字上。"墨子之至于道也,犹瞽之于黑白也,犹聋之于清浊也,犹欲之楚而北求之也。"(《荀子·乐论》)南辕而北辙,怎么谈得到一块来呢?墨学专家王焕镳先生在《墨子校释》中说:"综观墨子的学说,其中心内容是崇尚'兼',而反对'别'。"而我的学说正是以"别""分"为标志的,两者碰在一起,就免不了有一番争鸣了。

因为李斯向秦始皇提出过"焚书"建议,苏轼因而认定李斯的老师荀子也有一份罪过,这是理学家们对荀子的株连。他在《荀卿论》中说:"昔者尝怪李斯事荀卿,既而灭其书。……及今观荀卿之书,然而知李斯之所以事秦者,皆出于荀卿而不足怪也。"(《东坡文集·七卷》)苏轼如此追诉老师的连带责任,也被后人斥为"有失公允"。

《论语或问纂要》书影(宋刻本)　　《大学或问》书影(宋刻本)

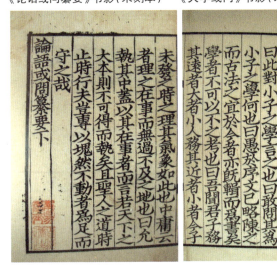

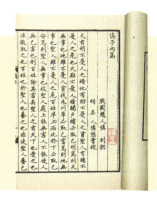

在《天论》中，您一下把慎子、老子、墨子、宋子（宋钘）四位文化名人给批了，"慎子有见于后，而无见于先；老子有见于诎，无见于信；墨子有见于齐，无见于畸；宋子有见于少，无见于多"。这么说，您想告诉读者些什么呢？

《慎子》书影

慎子，名慎到，先秦早期法家代表人物，他提出"据法处势"的观念，强调"知势位之足恃"，而荀子只取其"有见于后，而无见于先"进行批判。

荀子： 告诉读者什么？就是要告诉读者："愚者为物一偏，而自以为知道，无知也。"意思是说，愚蠢的人只看到事物的一个方面，就自以为知道了，实际上是无知啊！而我批评的这四位文化名人都是抱住片面性不放的愚人。慎到只知道跟在事物后面，而不知道站到前头去引导事物的发展，那样群众还会有前进的方向吗？老聃只知委曲求全的一面，而不懂得积极进取，那么贵贱就无法区分。墨翟只知道等同齐一的一方面，而不去探求人与人之间的差别，那么政令就无法推行。宋钘只知道寡欲的一方面，而不知道一定程度的多欲也自有它的益处，那样就难以引导向善。我的总的意思是：要扫除片面性，学会全面地看问题。当然，我说的全面是否真的全面了，后人自可评说。

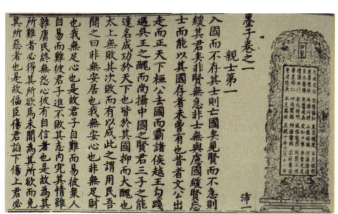

《墨子·亲士》（明刻本）书影

《宋子》书影

被您与慎到放在一起批判的那个田骈，史书上又称陈骈，在战国时期可是个赫赫有名的人物，不只在《荀子》中提到他，在《庄子》中，在《尸子》中，在《列子》中，在《吕氏春秋》中，都重点介绍了他。说他作《道书》二十五篇，学术观点上"贵齐，齐死生，等古今也"。"其学说，谓其齐万物以为首，即此所谓贵齐也。""循道而行，无分知愚，即所谓齐。"总之，人们都在一个"齐"字上做文章，独独您去批他的"尚法而无法"，道理何在？

荀子：哦，我是这样说的："尚法而无法，下修而好作，上则取听于上，下则取从于俗，终日言成文典，反循察之，则偶然无所归宿，不可以经国定分。"（《荀子·非十二子》）这段话的意思是：田骈这个人啊，说推崇法治又无法度，轻视有修养的人还好另搞一套，对上只听取君王的，对下又顺从流俗。口里成天讲着礼法经典，回过头来看看，却根本没有一个落脚点，这种人不足以治理国家和确定名分。这不清楚了吗？我之所以不去讨论众学者一直说的"田骈贵齐"这个课题，而是以法为突破口去批田，那是因为其学"不可以经国定分"，这是田骈，也是慎到的致命伤。

《汉书·艺文志》书影

田骈，战国时思想家。又称陈骈，齐国人。他本学黄老，借道明法，同慎到齐名。曾讲学稷下，雄于辩才。曾从彭蒙之师学到"贵齐"要领，主张"齐万物以为首"，要求摆脱各自的是非利害，回到"明分""立公"的自然之理，从"不齐"中实现"齐"。《汉书·艺文志》著录《田子》二十五篇，列入道家，已佚。

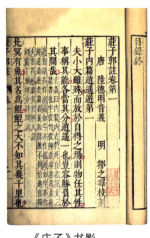

《庄子》书影

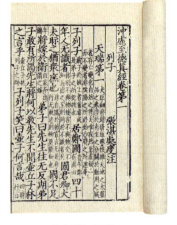

《尸子》书影

《列子》书影

您也批判了惠施、邓析，说这两位"不法先王，不是礼义，而好治怪说，玩琦辞，甚察而不惠，辩而无用，多事而寡功，不可以为治纲纪"的人。(《荀子·非十二子》)邓析其人，其名少见于史乘，而惠施其人，可是挺有名气的，他是个性怪异的庄子的唯一的一个真朋友，他死后，一直视生死如等闲事的庄子还专门到他的墓地上去祭祀呢！对这样一个有社会影响面的文化人，您批他些什么呢？

《邓析与〈邓析子〉》书影

邓析，春秋末期思想家，"名辩之学"倡始人。与子产同时，名家学派的先驱人物。他第一个提出反对"礼治"思想，又不满子产所铸刑书。

荀子: 我就批他两条：一条是"好治怪说"。我是孔子的信徒，"子不语怪、力、乱、神"，我也一样。"钩有须，卵有毛，是说之难持者也。"(《荀子·不苟》)这样一些不着边际的怪论，靠谱吗？另一条是"辩而无用"。关于对"辩"的态度，我前面说过了，关键是要对"为治纲纪"有用。老是在"卵有毛，鸡三足"这样一些莫名其妙的辩题上打转，有什么用处呢？只是起了"欺惑愚众"的反作用而已，不批怎么了得！

《荀子》(目录)书影

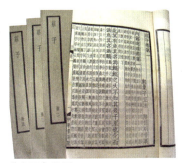

《庄子》书影

庄子、荀子分别是道家、儒家杰出的哲学家。面对百家争鸣的局面，庄子从道家立场出发，主张"齐物"，超越是非、彼此。荀子生活在战国末期，处于国家统一之前夜，主张"解蔽"，克服片面。从《庄子·齐物论》及《荀子·解蔽》对各家思维片面性的批评来看，荀子对庄子思维理论有不少继承和发展。

真是"大水冲了龙王庙，一家人不知一家人"，您在《非十二子》篇中还向同是儒家的子思、孟子开刀呢，那是为什么？

荀子: 早在孔子在世的时候，就有人指出孔门之"杂"，这么大的一支孔学队伍，孔子死后的分化那是必然的。有人说是"儒分为八"，实际上恐怕不止。其中思孟学派就是其中的一支。在《非十二子》《性恶》《解蔽》《大略》等篇章中，我八次点名批评了孟子。我批他些什么呢？我首先要批他的是以孔门正宗自居，就是说，要批批他的那个貌似孔门正宗实则"略忽先王而不知其统"。既"不知其统"，何来正统？"子思唱之，孟轲和之"其实只是"甚僻违而无类"的东西。在这点上，就是过去几千年后回过头来看，我似乎批得还是有道理的。

孟子故里牌坊

司马光像

司马光不信孟子，却独尊信荀子、扬雄。他抬举荀子、扬雄为继孔子之后的大儒。司马光三十三岁时，上疏乞印行《荀子》、扬子《法言》，他认为："战国以降，百年蜂起，先王之道少有人研习，遂至荒废。唯独荀子、扬雄二人，排攘众流，张大先王正术，使后世学者借以明了王道所在……恳请皇帝诏下崇文院，将二书精加校定刊行，依诸书印卖之例，送国子监发售。"

子思像

子思，名孔伋，字子思，孔子嫡孙。子思受教于孔子的高足曾参，孔子的思想学说由曾参传子思，子思的门人再传孟子。后人把子思、孟子并称为思孟学派，因而子思上承曾参，下启孟子，在孔孟"道统"的传承中有重要地位。

您与孟子，一个性恶说，一个性善说，站在两个极端，大有水火不容之势。您是怎样对待孟子的"性善论"的呢？

侯外庐像

侯外庐，当代历史学家、教育家。原名兆麟，自号外庐。著作甚丰。侯外庐认为"性善""性恶"是针锋相对的两个极端。他说："荀子的性恶论，是孟子性善说的反对命题。"（《中国思想通史》）

荀子： 当然是大批特批了。我在一些文稿中批孟子的"性善论"的有五处之多。我最集中攻他的是："今孟子曰'人之性善'，无辨合符验，坐而言之，起而不可设，张而不可施行，岂不过甚矣哉！"我说孟子是错在三个问题上：一是"无辨"，也就是没有作分析、辨识，是拍着脑袋空想出来的。二是"无符验"，没有进行有效的验证。三是"不可施行"，与现实世界对照一下，人心哪里是善的啊？行不通！因此，我称他为"坐而言之"，也就是坐而论性。当然两千多年后想想，从科学角度审视，我与孟轲的人性论都不怎么样。说他的理论没有验证，我的哪里经得起验证啊！

侯外庐雕像及《中国思想通史》书影（人民出版社出版）

131

您对子张、子夏、子游这些孔门名弟子及其学派余脉，也大肆批判，那又是为什么呢？

荀子：这三位孔门名弟子及其学派余脉，我给他们统一的评价是："贱儒也。"（《荀子·非十二子》）为何称之为"贱儒"呢？因为这些人"正其衣冠，齐其颜色，嗛然而终日不言"，表面上衣冠楚楚，一本正经，肚中空空，说不出一句正儿八经的话来，此"贱"也。这些人"偷儒惮事，无廉耻而嗜饮食"，软弱而怕事，为了吃得好、过得舒适，什么无廉无耻的事都做得出来，这样的人，岂非"贱"者？与孔子"君子谋道不谋食，忧道不忧贫"（《论语·卫灵公》）的精神，相去何止十万八千里？

子张像

子张，即颛孙师，字子张，孔门弟子之一。出身微贱，且犯过罪，经孔子教育成为"显士"。虽学干禄，未尝从政，以教授终。孔子死后，独立招收弟子，宣扬儒家学说，是"子张之儒"的创始人。子张之儒列儒家八派之首。

子夏像（左）

子夏，姓卜，名商，字子夏，为孔子晚年最得意的弟子之一，也为"孔门十哲"之一。

子游像（右）

子游，姓言，名偃，字子游，与子夏、子张齐名，为孔子的著名弟子，"孔门十哲"之一。

在您心目中，孔门后学里，谁是最正宗、最值得弘扬的呢？您在《非十二子》中作了回答，说是子弓，认为只有子弓，才像孔子那样称得上是"圣人"和"仁人"。可是，我们查遍《史记·仲尼弟子列传》，却查不到一个叫"子弓"的弟子。子弓究竟何许人也，值得您那样推崇？

钱穆像

钱穆，当代历史学家，国学大师，历任燕京、北京、清华、四川、齐鲁、西南联大等大学教授，著作甚丰。他在《先秦诸子系年》考证，认定子弓，即仲弓，与季路、子路，同为孔门得意弟子。

荀子： 我在《非十二子》中说了"圣人之不得势者也，仲尼、子弓是也"，还说："法仲尼、子弓之义，以务息十二子之说。"这就有了疑问：子弓何人？众说纷纭，争论不已，一争就是两千多年。直到清代的大学问家俞樾才一锤定音："仲弓号子弓，犹季路称子路。子路、子弓，其字也。曰季曰仲，至五十而加以伯仲也。"（转引自钱穆《先秦诸子系年》）仲弓是孔子门下的"十哲"之一，又被孔子赞为"雍也可使南面"（《论语·雍也》），南面，《史记集解》释为"言可任诸侯之治"，是治理天下的大才，这与我的"一天下""治国家"的思想是完全一致的。我在孔门弟子中独推子弓，道理也在于此。

子路像及子路墓

仲由，字子路，又字季路，孔子得意门生。以政事见称。性格爽直率真，有勇力才艺，敢于批评孔子。做事果断，信守诺言，勇于进取，是孔子"堕三都"之举的最主要合作者之一。孔子了解其为人，评价比较高。

您在文章中对他人多所评述，其实后人对您的评价也是五花八门的，有时同一个评论者对您也会有相反的评价。比如梁任公先生，一面是因为您连同是儒学中人也敢批评，而说您是"儒家中最狭隘者也"；一面又因为您广为吸收百家学说，而说您的学说"最为杂乱"（《饮冰室全集》卷八）。您看到这样既似乎相反、且走极端的评价，作何感想？

荀子: 梁任公先生的这个说法，的确是有点走极端了。能不能说我批评了儒家后学中的一些人，就成了"最狭隘者"呢？显然不能。后学是孔学的支脉，其"各取一端"，有取得对了的，亦有取得不对的。我认定子思、孟子、子张、子夏、子游这些人取得不对，发挥得不正确，从而加以非难，这有什么不可以呢？至于说到我的学说的广为吸纳，取百家之精华，那正是我的长处，有什么好非难的呢？"最为杂乱"，也只说对了一半。我的荀学，"杂"则杂矣，却并不"乱"。感到"乱"那是因为这位梁任公先生没有读懂。

《韩昌黎文集》书影

韩愈所言"大醇而小疵"本意并非贬低荀子。他是将《孟子》和《荀子》作了对比之后，认为《孟子》是"醇乎醇者也"，《荀子》则"考其辞，时有若不粹，要其归，与孔子异者鲜矣"（《韩昌黎文集》卷十一），这就是说，《荀子》和《孟子》相比较，《荀子》更综合些，也就是采百家之说。

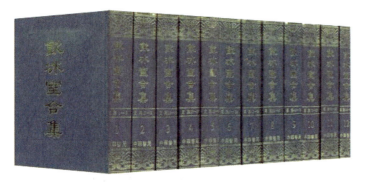

梁启超《饮冰室合集》书影（中华书局出版）

梁启超原先是反对荀学的，后来读到人"最为天下贵"的论述，也不能不承认荀学的历史价值，他从《荀子》一书中找出了四条证据，认为："自秦汉以后，政治学术，皆出于荀子。"

这倒使我们十分感兴趣了。您所谓的"杂则杂矣,却并不乱"是怎么个意思呢?

方孝孺像

方孝孺,明代大臣、著名文学家、散文家、思想家,曾以"逊志"名其书斋,世称"正学先生"。在"靖难之役"后,拒绝为燕王朱棣草拟即位诏书,刚直不屈,孤忠赴难,被诛十族。他赞同韩愈关于荀子的评论,说:"退之之文言圣人之道者,舍《原道》无称焉。"(《答王秀才书》)

荀子: 我是想告诉大家,我批判这家那家,并不是简单地否定和抛弃,而是在否定中有肯定,在批判中有吸收。我说:"凡人之患,蔽于一曲,而暗于大理。"(《荀子·解蔽》)正因为如此,我提醒人们要"解蔽"。在判定事物为"非"时,要注意掩蔽着的"是"的一面;在断定事物"是"时,要注意是否掩蔽着"非"的一面。"天下有二,非察是,是察非。"(《荀子·解蔽》)这可以看成是"二分法"的一种萌芽吧! 我持有这样的观念,怎么可能成为"最狭隘者"呢? 我注意于吸取别人思想中的精华,并加以水乳交融的糅合,成为自己的血肉,怎么会"最为杂乱"呢?

方孝孺雕像

方孝孺故里

我们听懂了,您是想告诉我们,您在批判诸家的同时,也在不断地吸收着诸家。那首先请您说说对墨家思想的吸收吧!

荀子: 墨家思想十分博大,使我很钦佩。有些 《墨子·耕柱》书影
被我批判的论题,实际上后来改造后也被我吸收
了。如"节用"这个概念,我一再批判了"墨子之节用",同时,我又一再把这个政治经济生活中的重要概念"拿"过来,形成了"节用裕民""节用以礼"(《荀子·富国》)这样一些在我的学术体系中占重要地位的新概念。另外,墨子及其后学在认识论和逻辑学,尤其是逻辑学方面,对荀学影响巨大。墨家是先秦诸子中最先掌握辩学的学派,"能辩者谈辩,能说书者说书,能从事者从事,然后义事成也"(《墨子·耕柱》)。墨子主张"必鸣""必辩",这些观念都极大地影响了我的荀学,使之成为一门"谈说之学"。

墨子雕像

《道德经》书影

在所有百家之说中，天人关系从来就是一个最大的课题。您在批判老子的"有见于诎，无见于信"(《荀子·天论》)的同时，似乎也吸收了道家天人论方面的某些合理因素，就这一命题，请说说您的看法，可以吗？

老子出关铜像

荀子：这过程中似乎有一个否定之否定。早期的儒家是相当重视天命观的，把天看得怎样似的。孔子就说过："知我者，其天乎！"(《论语·宪问》)这和"畏天命"(《论语·季氏》)这类的话，把天看成有生命、有意志的实体是一样的。老子的"道"，只是"无名，天地之始，有名，万物之母"(《老子·一章》)。它自然无为，"道大，天大，地大，人亦大"(《老子·二十五章》)。从一定意义上说，人可以与天平起平坐了。这是对儒家天命论的否定。我吸收了道家天道无为的思想，又批判了道家消极面世的内涵，我在《天论》中说的"天行有常，不为尧存，不为桀亡"一句，既有老子思想的影子，又去除了老子所说的天的神秘主义色彩，表现得十分的大气。老子在"天"面前常常以"无为""不争"自慰，而我在批评其"蔽于天而不知人"的基础上，进而提出了"明于天人之分""制天命而用之"的主张。

在先秦,法家讲法,您也讲法,这中间有无关联呢? 很想知道,您是怎样对早期法家思想进行批判地吸收的呢?

荀子： 我与作为早期法家代表人物的慎子同为 《慎子》书影
赵国人,又曾在稷下学宫同过事。慎子"贵势""齐
万物"思想,以及其"君道无为,臣道有为""大君任法而弗躬,则事断于法矣"(《慎子·君人》)的思想,给我留下了深刻的印象。但是,我不主张把法的地位提到至高无上的位置,它应该置于礼之下,融于礼之中。批评"慎子蔽于法而不知贤","慎子蔽于势而不知礼"(《荀子·解蔽》)。我的提法是:"法者,治之端也。"(《荀子·君道》)"礼者,治国之极也,强国之本也。"(《荀子·议兵》)把法治的治国方略与礼治的治国方略糅合在一起,形成一种王道和霸道兼备的治国思想,这也是我创立荀学的根本特点之一。我在《荀子·君子》篇中重点讲了为君之道,明确指出,唯有"以义制事",才能造成一种安定的社会局面。

《荀子·君子》书影

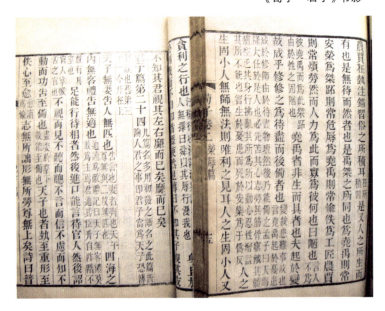

历史上，有人把您荀子划在儒家的圈子里面，有的则认为您荀子的学说相当驳杂，不能算儒，至少算不上纯儒了。在您自己看来是怎样的呢？

任继愈像

任继愈，教授，著名哲学家、宗教学家、历史学家、中国哲学史学会会长、国家图书馆名誉馆长。著作甚丰。他认为荀子是"兼容并蓄的杂家"，但"兼容并蓄不是简单的凑合，而是根据现实情况，选择、综合各派思想，成为新的思想体系"。

荀子： 儒本身是一个变动的概念。在孔子之前，儒已经存在，那时的儒主要是吹吹打打，为丧事进行一点类乎文化的事。孔子正式建立儒学后，儒的概念发生了大变。后来的董仲舒，再后来的朱熹，人们都称之为儒，但与孔子比起来变化是极大的。我这个"儒"，不同于孔子，当然也不同于孟子，是有着自己的个性和特性的。我比较同意郭沫若先生的说法："荀子的思想相当驳杂……但他并不纯其为儒，而是吸收了百家的精华，确是无可否认的事实。"(《十批判书》)我在稷下学宫期间，也是我学说同其他各派思想进行一次大交流、大融合的过程，所以荀学显得"驳杂"些。在我看来，郭先生说的"驳杂""吸收百家精华"都是褒义的。某一门学问，如果不"驳杂"，纯之又纯，那它就不会有强大的生命力。正像生物进化中的纯种一样，生命力肯定是不强的。我的荀学如果不"吸收百家精华"，也是难以真正称其为出类拔萃的学派的。

稷下学宫（浮雕壁影）

有学者认为，中国历史上的"儒法合流""儒道互补""儒墨相渗"是起始于您荀子的，这一评价，您能认可吗？

荀子：这种"合流""互补""相渗"是一个交互作用的漫长过程，在我之前有，我之后也有。对一个国家和一个民族来说，这是它的生命力的表现，当然也是大好事。儒有儒的长处和短处，道有道的长处和短处，墨有墨的长处和短处。任何一个学术流派，只有长处，没有短处的，是不会有的。经过交互作用，取长补短，受益的是双方，而不是某一方。我在《荀子·正论》篇批驳了某些谬论，正是体现了当时百家争鸣的精神。在百家争鸣的过程中，受益的不只我荀学，其他各家派都是受益者。如果不是后来董仲舒让汉武帝实施"独尊儒术"，中国的文化还要发展得好些。

王安石像

王安石，北宋杰出的政治家、思想家、文学家、改革家，唐宋八大家之一。官至宰相，主张改革变法。著有《王临川集》《临川集拾遗》等存世。他批评历史上孟、荀、董、扬、韩等各家的人性论，提出了"善恶由习"的人性论，为其"义利"观作了理论准备。他说："诸子之所言，皆吾所谓情也、习也，非性也。"(《王安石全集·原性》)

《荀子·正论》书影

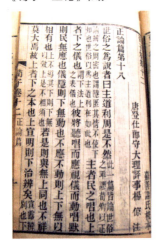

《纂图互注荀子》(明前期刻本)书影

郭沫若说："荀子是先秦诸子中最后一位大师，他不仅集了儒家的大成，而且还可以说是集了百家的大成。"（《十批判书》）侯外庐先生也说："荀子是中国古代思想的综合者。"这种提法，与孟子说的"孔子集大成者也"，是否冲突呢？

郭沫若像

郭沫若，著名文学家、诗人、剧作家、考古学家、思想家、古文字学家、历史学家、革命家和社会活动家。他对荀子的历史作用作了充分的肯定，在《十批判书》中指出："汉人所传的《诗》《书》《易》《礼》以及《春秋》的传授系统，无论直接或间接，差不多都和荀卿有关。"

荀子: 并不冲突的。各个时代都会有自己的集大成者。在我之前有，在我之后还会有。孔子是春秋那个时代的集大成者。按孟子的说法，孔子是集了两个大成：一是集了三千弟子的大成，把弟子中的优秀品质都学到手了，"宰我、子贡，善为说辞，冉牛、闵子、颜渊，善言德行，孔子兼之"（《孟子·公孙丑上》）。兼之，就是集大成之。二是集古今历史上圣人、贤人之大成。"伯夷，圣之清者也，伊尹，圣之任者也，柳下惠，圣之和者也，孔子，圣之时者也，孔子之谓集大成。"（《孟子·万章下》）孔子集了清者、任者、和者、时者之大成。

如果说我也是集大成者的话，也有两层意思：一是集了儒家内部各家派的大成。有人作过考证，我所师学的有三人，有子弓（即仲弓），有子夏，有曾子，梁任公以为还有子游，他们属儒学的不同家派，我同时师事之，可以说是集儒家各家派之大成。二是集了法家、墨家、道家等家派的大成。集大成就是综合，综合就是发展。时代让我做了这样一件大事，我高兴，我光荣。

曾子像

荀子像

中国近世思想家谭嗣同说过一句惊世名言："两千年来之学，荀学也，皆乡愿也。"(《谭嗣同全集·仁学上》)虽然语带讥剌，但却真切地道出了一个事实：这位百岁老人荀卿弃世之后，他所创立的学派和学术，并没有随他而去。在之后的两千余年间，其人的名声或彰或隐，其人的地位或沉或浮，其人的评价获褒或贬，然而，以其人姓氏命名的一门独特的学问——荀学，一直绵绵不绝地驱动着中国历史的步伐，影响着中国人的灵魂。说荀学是民魂也好，说荀学是官魂也罢，总之，荀学在中国历史舞台上的影响是久远的，对我们这个民族的铸造作用是否定不了的。说荀学只是造就了一代又一代的外貌忠诚谨慎、实际欺世盗名的乡愿，恐怕有失公允。说荀学"遗言遗教，足以天下法式表仪"，也可能言过其实。当今之世，一切都应放到历史的大平上重新加以衡量，只要有一颗太史公般"言由事出""事核文实"的求实之心，又有科学的方法和精神，那么，还荀学以真貌，给荀卿以及荀学以公正的评价，是完全可能的。

您荀子的晚年是在兰陵度过的,大约有二十年的宝贵时日。我们知道,这是您真正用心于著述《荀子》,创立荀学的时日。您能告诉我们,所谓荀学,其特点有哪些吗?

荀子墓园(兰陵)一角

荀子:应该说,作为对中国历史产生重大影响的《荀子》这部著作,是有其特点的。我可以作这样的归纳:其一,这是一部学儒而背儒的作品。学儒而背儒,可说是一种大趋势,而在我身上体现得最为鲜明。我的"背儒",表现为一种对其他学派思想的吸收,对原始儒学的丰富和发展。其二,这是一部宣扬大一统的作品。我宣告"诸侯放恣,处士横议"的时代即将结束,而"天下将归于一","四海之内无客礼","四海之内若一家,通达之属莫不从服"的新时代即将到来,这是我著作的宗旨。其三,这是一部主张名实相符的作品。我一直认为,理论的生命力在于从实际出发,"凡论者,贵其辨合,有符验"(《荀子·礼论》)。理论的威力在于有分析,也有综合,而且经得起实践的检验。这对"名实之相怨久矣"(《管子·宙合》)是一种彻底的反叛和批判。这三点,大致上体现了荀学的特色。

荀子文化园(安泽)

《荀子·尧问》书影

在您去世不久，就有人抛出了颇带挑战性的"孙卿不及孔子"的论题。历史总爱跟人开玩笑，这使我们想起颇为相像的孔子刚过世时，某些别有用心的人提出的"子贡贤于仲尼"的论题。先生，别人抛出挑战性的论题，您已无言，将由谁来作答呢？

荀子： 正如"子贡贤于仲尼"的论题得由子贡作答一样，"孙卿不及孔子"的论题会由我的弟子作答。子贡的回答是响亮的："仲尼不可毁也！他人之贤者，丘陵也，犹可逾也。仲尼日月也，无得而逾焉。"（《论语·子张》）我的学生的回答也是响亮的：孙卿迫于乱世，上无贤主，下遇暴秦，"然则孙卿怀将圣之心，蒙佯狂之色，视天下以愚"。还说："今之学者，得孙卿之遗言余教，足以为天下法式表仪。所存者神，所过者化，观其善行，孔子弗过，世不详察，云非圣人，奈何？！"（《荀子·尧问》）好一句"孔子弗过"，敢于说我与孔子可以并驾齐驱者，是我之真弟子也！

荀子文化节

孔子培养了知名的颜渊等"十圣",而您培养出了影响中国历史的政治思想家李斯、韩非,这也是"孔子弗过"的依据吧?

秦始皇雕像

荀子: 完全可以这样说。李斯、韩非,是中国历史的光荣,也是我这个为师者的光荣。在《史记·李斯列传》中,太史公点明了"李斯乃从荀卿学帝王之术",可见我的法学思想对他的一生都是产生了影响的。后来,李斯"以辅秦皇,卒成帝业"。韩非出身韩国贵族,与李斯一起师从于我荀况,在我的启发下,韩非多次上书韩王变法图强,作《孤愤》《说林》《说难》等篇。世所公认,《说难》篇是在我的具体指导下写成的。韩非将商鞅的"法"治、申不害的"术"治、慎到的"势"治结合起来,形成了"法、术、势"三者结合的统治术,为后来秦王朝中央集权的建立打下了理论基础。这些都与我的教育分不开的。

秦始皇陵铜车马

李斯雕像

李斯墓

秦王朝建立以后，李斯在秦国范围内大力推行荀学，改变了"孔子西行不到秦"造成的儒学在秦国空缺的局面。这也可以看成是对您教育和培养李斯的一种积极回报吧？

荀子：这的确是一个大的改变。原先，秦地无儒学，现在通过李斯，把经我改造过的儒学——荀学送到了秦国，为秦帝国的建立打下了基业。李斯位极人臣以后，还不忘用荀学来影响秦王。当他富贵已极、百官来贺时，他搬出的还是我这位老师的教导："吾闻之荀卿曰：'物禁大盛'，夫斯乃上蔡布衣，闾巷之黔首，上不知其弩下，遂擢至此。"（《史记·李斯列传》）通过这样一系列的日常交谈，以及其他形式的宣传，荀学渐次渗入了秦国的上层，也渗入了秦国的士林社会，改变了秦国的文化面貌。

说到改变秦国的文化面貌，不能不说到吕不韦。吕不韦相秦国以后，做的一件大事就是"招致天下豪杰之士"，让他们"罗致古今图书，刺取众说，以成《春秋》"。所谓"天下豪杰之士"，又称"知略之士"，也就是知道统一的策略的人士。问题是：这些"知略之士"是何等样人呢？吕不韦的"刺取众说"，又取法于何人呢？

荀子： 吕不韦掌权后，引进了大量的知略之士，他们是何等样人呢？是法家人士吗？显然不是。秦国历来是法家人士的集结地，不用引进。是墨家人士吗？也不是。据史书记载，早在吕不韦为相前百年，墨术已入秦，而且还有其巨子带领群弟子在各地活动。墨家之法与法家之法有某些相通相容之处，因此也就相安无事。而吕不韦不愧是个思想大家，他把大量的儒生引入了秦国，而且进入了政治议事圈。陈浩在《礼记集说》中就说到"不韦大集群儒"一事。吕不韦被废徙蜀，是在公元前235年，而我的大弟子李斯入秦为吕不韦舍人是公元前247年。我的另一名弟子韩非的入秦是在公元前233年，即吕氏被废后二年。这样一排，可见，当时荀学之儒士进入秦国已成气候。吕不韦把自己编定的书定名为《春秋》，更是儒家味十足。"春秋大一统"，不正是我一再申言的吗？因此，郭沫若说："杂家代表作《吕氏春秋》一书，事实上是以荀子思想为其中心思想的。"（《十批判书》）此言有理！

吕不韦像及
《吕氏春秋》书影

吕不韦墓

汉承秦制,有汉一代,您荀卿的思想、学说在那时的思想界一定是畅行无阻的吧?

孔子像

在《荀子》一书中,论及孔子有四十二处之多,对孔子极尽尊崇之能事。他不止一次地称孔子为"圣人""真圣人"。他说:"总方略,齐言行,壹统类,而群天下之英杰而告之以大古……是圣人不得势者也,仲尼、子弓是也。"(《荀子·非十二子》)

《先秦诸子系年》封面(商务印书馆出版)

荀子:的确是这样。秦王朝很快崩溃于农民战争的熊熊大火之中了,可是,以荀学为标志的儒学仍牢牢地掌控着思想文化领域。我在《荀子·仲尼》篇以问答形式贬损了霸道,赞扬王道,其目的在于一统天下。这一方面是时局的需要。荀学本身是为"大一统"而生的,哪会因为王朝的更替而退出历史舞台。还有更为重要的一层,就是荀学在秦国绵绵不绝的师承关系,使荀学在秦国代代相传。这正如钱穆先生说的:"大抵史迁言汉初传经本师,其可信者也。诸师或出荀子之门,则有可信,有不可信。荀子在汉时为近古大儒,其弟子李斯,当秦政,荀学独得势。汉人多传荀学,可也。"(《先秦诸子系年·孔门经传辨》)相传董仲舒还"作书美孙卿",为了"大一统"的大局,他必须力挺我荀况。

《荀子·仲尼》书影

魏晋南北朝时期，是儒学地位迅速下滑的时期，也是儒、道、佛合流的时期。但是，这一时期荀学并未衰退，它取代一般的儒学而与道、佛周旋。先生，您能简单介绍一下那个时期荀学的处境吗？

荀子： 那个时期说荀学特别的昌盛，倒也不是，但在儒、道、佛三家的相融又相争中，它至少争得了一席之地。那时的一些思想家，或儒，或道，或佛，但大多并不排斥荀学。就拿南北朝时期的著名思想家刘勰来说吧，他本身是个虔诚的佛教徒，尽管作了和尚，可是，他从来就是儒家思想的信奉者，也读《荀子》，也读儒家其他经典。还有同时代的刘昼，则坚定地站在儒家的立场上，尤其喜欢荀学。在他的一系列著作中，一再征引我的作品。他对我教育中的"青蓝""冰水"之喻十分感兴趣，认为如此明喻"学不可以已"实在妙极了。他十分肯定我的以"积土成山"来论证"积善成德"，认为"学问之道亦积渐之所成也"。事隔近千年，还有人那样颂扬我，让我舒心。

包世臣像

包世臣，清代学者、书法家、书学理论家。学识渊博，喜兵家言，治经济学。对农政、货币以及文学等均有研究。其碑学，对清代中、后期书风的变革影响很大。对荀学有研究，认为荀学"始终未有衰退"，说："荀子之文平实而奇宕，为后世文章之鼻祖也。韩氏得其奇宕，《吕览》得其平实。"（《包世臣文集》）

刘勰雕像及《刘子新论》书影

《刘子新论》又名《刘子》，有学者认定为北齐刘昼所作。学术体系属于杂家。

在唐代，荀学应该说是最为扬眉吐气的时代，您也被尊为圣人，可以说一说那个时代的实情吗？

唐太宗像

赵孟頫像

赵孟頫，元代著名画家。博学多才，能诗善文，开创一代新画风。历宋元之变，仕隐两兼，虽为贵胄，但一生在坎坷忧患中度过。他从孔子的"克己复礼"、魏晋"竹林七贤"的返璞归真、唐宋的"古文运动"中，寻找到了"古意"画风的元点。

荀子：这与唐代统治者的立国方略有关。唐太宗有言："朕所好者，唯尧、舜、周、孔之道，以为如鸟有翼，如鱼有水，失之则死，不可暂无也。"（《通鉴纪事本末》卷二九）这一立国方针，后来基本上没变，基本的格局是尊儒而未定儒学为一尊。唐前、中期士大夫的文章中，常常将孟、荀并提。魏征《论治道疏》多处并引孟、荀，《旧唐书·礼仪志》所载诸臣论太庙之制，一再引荀子"有天下者事七代，有一国者事五代"一语。有的还将荀子置于孟子之前，如卢照邻《驸马都尉乔君集序》称："尼父克生，礼尽归于是矣！其后荀卿孟子，服儒者之衮衣。"这里，我荀卿的地位明显在孟子之上了，而且被视为"尼父之后"。

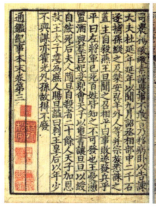
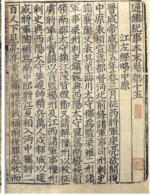

《通鉴纪事本末》书影

马积高先生在《荀学源流》一书中说:"唐后期尊孟抑荀之风盖始于韩愈。"您以为此说确乎?

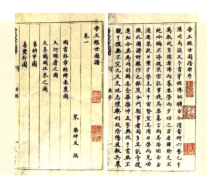

荀子: 不够确切。我在《荀子·正名》篇批判了有关欲方面的异端邪说,显然会让人恼羞成怒,甚至群起攻击,但是历史是公正的。至于韩愈,他确实对孟、荀做出了不同的评价,但这种评价的分野只在于是否"醇"上。孟子是"醇乎醇者",而我却是"大醇而小疵"。这只是说,孟子较忠于孔子的原著,因此显得"醇",而我较多发挥,较多吸纳,因此显得"杂",说这是"疵",也无可非议。从总体上说,韩愈的批评是公正的,而且还是看重我的,正如宋代学者唐仲友说的:"董仲舒、韩愈皆美卿书。"(《荀子集解·考证》)再说,处于韩愈之后的柳宗元并没受韩愈评价的影响,在许多文章中引用我的话,在《封建论》中引用"善假于物"一语时,还特别标明"荀卿有言"呢!

唐仲友《帝王经世图谱》书影

唐仲友,南宋思想家,绍兴年间进士,曾知台州。著有《六经解》《帝王经世图谱》《说斋文集》等。所刻之书有《荀子》《扬子法言》《中说》《昌黎先生集》《后典丽赋》等。其中《荀子》二十卷,于淳熙八年(1181年)在临海台州任上所刻。现日本尚有藏本,奉为国宝。他认为荀子吸纳百家,显得不那么纯,而李斯协助秦始皇"焚书坑儒",只是他们的责任,"非师(注:荀子)之过也"(见《荀子集解》考证上)。

《荀子·正名》及
《柳宗元〈封建论〉释注》书影

说到唐后期的评荀，不能不说到大学者杨倞。杨倞是一位传奇式的人物，人们连他的生平、生卒年月都搞不太清楚，但是，有一点是清楚的，他第一个站出来为《荀子》作注，并给了荀子以高度的评价。请您就此简单介绍一下，好吗？

杨倞《荀子注》书影

杨倞，与元稹、白居易同时代，官东川节度使、刑部尚书。著有《荀子注》一书，是流传至今《荀子》的最早注本。他盛赞荀子，对《荀子》一书作了认真校注，得出结论："《荀子》一书羽翼六经，增光孔氏，非徒诸子之言。"其意是说，荀子比一般的"子"要高出一头，可列入经类。还说荀子"真名世之士，王者之师"。

荀子: 杨倞作《荀子注》，这在荀学史上是一件经天纬地的大事。他一边是注释，一边又是整理，其功可为伟矣！他为《荀子注》写的《序》，可谓是对荀学和我的一篇不可多得的赞词。他认为，孟、荀应当并提，"孟轲阐于前，荀卿振于后"，当孔学"陵夷于战国"之时，对其振兴起的作用都十分重大。他认为，《荀子》一书，足以"羽翼六经，增光孔氏"，这样，孔、孟、荀就连成了一条线。他对我的评价极高，说荀卿"真名世之士，王者之师"。杨倞其人，真可谓是有唐一代知我之第一人也。

孟子铜像

荀子雕像

孔子雕像

韩愈的"大醇小疵"说，到了宋代成了鞭打荀学的一根棍子。程颐说："(荀学)极偏驳，只一句性恶，大本已失。"（《二程全书》）苏轼说："荀卿者，喜为异说而不让，敢为高论而不顾者。其言愚人之所惊，小人之所喜也。"（《东坡言诏集·荀卿论》）甚至李斯的向秦始皇提出"焚书"建议，也该有其老师荀卿的一份罪。朱熹则直截了当地把荀卿当作法家来攻击，说"荀卿全是申韩，观《成相》一篇便可见"。请问：为何到宋代会如此的风云突变呢？

荀子： 根本的一点是宋代理学的兴起。理学家们认定"理"是先天地而存在的，把抽象的"理"说成是永恒的宇宙本体，是产生世界万物的根源。这套理论与我的理论是完全对立的。理学认为"行事在天"，而我认为"制天命而用之"；理学认为"格物致知"，而我认为"学而知之"；理学认为"天人合一"，而我荀况坚持"天人相分"。这样，理学家们必然要罗织种种罪名来诋毁我以及荀学了。

梁漱溟像

梁漱溟，著名思想家、哲学家，被称为现代新儒家的早期代表人物之一。他认为，孟子与荀子，虽然一言性善，一言性恶，但都是儒家，都是孔子的信徒。然而在当时，即便是孔子也未必认为自己是儒家。后人去鞭打荀子，可荀子一直被人们尊为"先圣"和"大师"。

 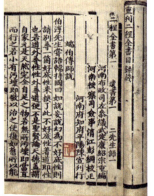

程颐像及《二程全书》书影

程颐，又称伊川先生，北宋理学家和教育家。与其兄程颢不但学术思想相同，而且教育思想基本一致，合称"二程"，共创"洛学"，为理学奠定了基础。他赞同韩愈关于荀子的评论。他说："韩愈亦近世豪杰之士，如《原道》中言语虽有病，然自孟子而后，能将许大见识寻求者，才见此人。至如断曰：荀与扬，择焉而不精，语焉而不详。若不是他见得，岂千余年后，便能断得如此分明也。"（《二程语录》卷一）

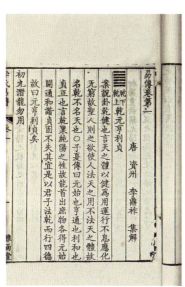

"首届中国（山西安泽）荀子文化节发布会"以及"安泽县荀子文化研究会成立大会"横幅

《易传》书影

荀子在《荣辱》篇提出了"自知者不怨人，知命者不怨天"的观点。后来又得到进一步发展，成为积极向上的人生态度——"天行健，君子以自强不息"（《易传》）。深受《荀子》影响的《易传》，用"自强不息"一直激励着炎黄子孙奋力拼搏。

到了清代，荀学又抬头了，并为政治思想家们所普遍重视。据说，荀学的重现于历史舞台，是与人们对理学的批判紧密联系在一起的，是这样吗？

荀子: 事实正是这样。明末清初，统治人们思想五百多年的理学走到了它的尽头，受到了具有民主主义色彩的思想家顾炎武、黄宗羲、王夫之等的严重挑战。在清算理学的过程中，人们对我的荀学的内涵和价值也有了进一步的认识。清初思想家傅山指出，被理学家奉为万世不变的经典的《四书》《五经》，实际上只是"一代之王制"，"非千古之王制"。而"荀子之《性恶》一篇，立义甚高，而又不足副之。'伪'字本别有义，而为后世用以为诈伪，遂昧从人从为之义"。钱大昕在《跋荀子》中说："仲尼既殁，儒家以孟、荀为最醇。太史公叙列诸子，独以孟、荀标目。"清人凌廷堪认为："夫孟氏言仁，必申之以义；荀氏言仁，必推本于礼。……然则荀氏之学，不戾于圣人可知也。后人尊孟而抑荀，无乃自放于礼法之外乎？"（《校礼堂文集》卷十）这样说，简直是将孔、孟、荀并列于圣人之林了。

近世大思想家梁启超先生以为："汉代经师，不问今文家古文家，皆出荀卿。两千年间，宗派属变，壹皆盘旋荀子肘下。"这是一个总结，是想给两千年中华思想流变一个说法。先生，您以为这个说法如何呢？

梁启超像

荀子：这个答案是不应该由我来给的。我一再说："涂之人皆可以为禹。"众人是圣人。历史要由众人来判定的。作为历史人物的我，其功过是非，也不是某个大家能说了算的，最终的评判权握在民众手里。梁启超虽为大家，但其说法也只能是一家言，他的"皆出荀子"说，是否正确呢？最终还是让"涂之人"来定个说法吧。

通过反复的批判、审视、解读，人们对孔子，对孟、荀的认识，似乎又回到了它的元点，即战国时期的历史现场。而且或褒或贬，或抑或扬，都理性得多了。之后，尊荀和反荀之争还会有，但是总的趋向是正在走向更为客观和真实。人们需要一个历史的、真实的荀子。我相信，有良心的历史学家经过不倦的追寻，是能够还荀子以及荀学以真实面貌的！

梁启超，中国近代史上著名的政治活动家、启蒙思想家、教育家、史学家和文学家。戊戌变法（百日维新）领袖之一。其著作合编为《饮冰室合集》。他说："汉代经师，不问今文家古文家，皆出荀卿。两千年间，宗师属变，壹皆盘旋荀子肘下。"（《清代学术概论》）

荀子雕像

后 记

　　为了提高国民的文化自觉和文化自信，为建设社会主义文化强国添一块砖、加一片瓦，我们花费了数年时间编纂了这套定名为"提问诸子"的丛书。我们的人手不多，写作这样大部头的书稿实在有点勉为其难。好在大家都有决心，齐心协力地干，几易其稿，现在终于可以面世了。

　　有朋友看了样稿后赞道，这是对国学精当的阐释和大胆的浅化。这当然是同道的过誉和奖掖，对我们来说实不敢当。国学博大精深，涵盖了中国固有的文化和学术，除我们涉及的子学外，还包括医学、戏剧、书画、星相、数术等方面的传统文化。若以学科分，应分为哲学、史学、宗教学、文学、礼俗学、考据学、伦理学、版本学等，其中以儒家哲学为主流。若以思想分，先秦时期就有所谓的"诸子百家"，形成了儒家、道家、法家、墨家、兵家等思想体系。我们触及的只是整个国学中的冰山一角，岂敢以偏概全？所言"精当的阐释和大胆的浅化"，倒确是我们的初衷之所在。这个"子"那个"子"，历代统治者为了一己之利，早已把他们涂抹得面目走样了，为文化自觉和自信计，非得还其原本的真相不可。在"精当"两字上，我们确是花了不少气力的。至于浅化，那更是当务之急。"提高全民族文化素质，增强国家文化软实力"，应是国策。既然这是关乎"全民""国家"的事，岂有不浅化之理？

　　需要说明的是，本丛书靠的是集体的智慧和力量。除了笔者的努力外，丛书主编黄坤明先生在选题和框架构想的设定上功不可没。在编撰过程中，得到了国家图书馆、上海图书馆、中华书局、商务印书馆、人民出版社、上海人民出版社、上海古籍出版社，以及诸子故居所在地纪念馆及地方政府的支持，他们给我们提供了大量的珍贵资料和照片，也提出了许多可贵的意见。在编写过程中，我们采纳了张晓敏、江曾培、李国章、陈广蛟、秦志华等先生的许多真知灼见，有关编辑胡国友、刘寅春、李梅、李琳、贺寅、周俊、金燕峰、孙露露、王华、王凤珠等作了精到的修饰和校正，在图文合成中，得到了梁业礼、王轶顺、本本、曾初晓、卢鹏辉、卢斌等的帮助，倪培民教授为丛书简介作了英文翻译，在此一并致谢。

　　当然，由于作者学力有限，必有偏差、失当和粗疏之处，在此诚望方家好友不吝指教，以待重版时修正。书中的图片有的是请友人实地拍摄的，有的是购买或有关方面赠送的，在此表示谢意外，谅不一一注明了。还有极个别图片已多处使用，且署名不一，实难确定作者。有的图片虽经寻访，但仍然找不到原作者。日后这方面的工作如有所进展，定当按相关规定付以稿酬。

作者

2011 年 10 月 18 日